Sexualbegleitung bei Menschen mit geistiger Behinderung

von

Monika Krenner

Tectum Verlag
Marburg 2003

Krenner, Monika:
Sexualbegleitung bei Menschen mit geistiger Behinderung
/ von Monika Krenner
- Marburg : Tectum Verlag, 2003
ISBN 978-3-8288-8541-7

© Tectum Verlag

Tectum Verlag
Marburg 2003

Inhaltsverzeichnis

VORWORT 7

1 SEXUALITÄT UND BEHINDERUNG 9
1.1 Was ist Sexualität 10
1.2 Gibt es behinderte Sexualität? – Wer behindert wen? 13
1.3 Die psychosexuelle Entwicklung bei Menschen mit geistiger Behinderung 16
1.4 Die Sexualität von Menschen mit geistiger Behinderung – eine behinderte Sexualität! 18
1.5 Menschen mit geistiger Behinderung über ihre Sexualität – ein Beispiel 27

2 SEXUALBEGLEITUNG 31
2.1 Sexualbegleitung, was ist das? 33
2.1.1 Passive Sexualbegleitung 34
2.1.2 Aktive Sexualbegleitung 36
2.2 Wer sollte Hilfestellung leisten? 40
2.3 Thesen zur Sexualbegleitung 45
2.3.1 These 1: Passive und aktive Sexualbegleitung sind logischer Teil der Normalisierung 45
2.3.2 These 2: Sexualbegleitung erfordert ein grundsätzliches Umdenken, braucht „Vorarbeit" und ersetzt nicht passive Sexualbegleitung 46
2.3.3 These 3: Menschen mit geistiger Behinderung brauchen kein besonderes Sexualbegleitungs-Konzept. 47
2.3.4 These 4: Aktive Sexualbegleitung ist Surrogat im Hinblick auf Partnerschaft .. 49
2.3.5 These 5: Sexualbegleitung ist keine Therapie 50
2.3.6 These 6: Sexualbegleitung kann als Ausrichtung der Prostitution verstanden werden, ist aber nicht mit Prostitution im herkömmlichen Sinn gleichzusetzen. 52
2.4 Begründungsansätze für eine Ermöglichung der Sexualbegleitung 55
2.4.1 Sexualität ist ein Grundbedürfnis des Menschen 56
2.4.2 Das „Recht" auf Sexualität 57
2.4.3 Sexualität und Identität 60
2.4.3.1 Sexualbegleitung ermöglicht positive Körpererfahrungen 63
2.4.3.2 Sexualbegleitung und Geschlechtlichkeit 66

2.4.4 Sexualbegleitung kann sich positiv auf das Verhalten von Menschen mit geistiger Behinderung auswirken 67

2.4.5 Die Möglichkeit der BetreuerInnen und Eltern, Sexualität zu ermöglichen hat Grenzen 69

2.5 Sexualbegleitung bei Menschen mit geistiger Behinderung – ein Versuch Gegenargumenten zu begegnen 73

2.5.1 Die rechtliche Frage und die Frage nach der Gefahr des sexuellen Missbrauchs 73

2.5.2 Die Frage nach der Finanzierung 77

2.5.2.1 Eigenfinanzierung der Sexualbegleitung über den persönlichen Barbetrag (sog. Taschengeld) oder sonstiges Vermögen 78

2.5.2.2 Finanzierung über Träger öffentlicher Hilfen 81

2.5.3 Die Frage nach der Problematik bezahlter Liebe – Der Wunsch nach Partnerschaft versus bezahlte Zärtlichkeit und Zuneigung 87

2.6 Möglichkeiten der Sexualbegleitung in Deutschland: Organisationen und Anbieter 91

2.6.1 Der Körper-Kontakt-Service Sensis in Wiesbaden bzw. Leipzig 91

2.6.2 Sexybilities in Berlin 95

2.6.3 Arbeitskreis „Begleitung und Unterstützung behinderter Menschen bei Sexualität und Partnerschaft" in München 98

2.6.4 Institut für Selbst-Bestimmte Beratung Behinderter (ISBB) Trebel 100

2.6.5 Nina de Vries, Selbstständige Sexualbegleiterin 101

2.6.6 Kuratorium Behinderung und Sexualität e.V. in Nürnberg 103

2.7 Fortbildung zum/zur SexualbegleiterIn 105

3 SEXUALBEGLEITUNG KONKRET – ERFAHRUNGSBERICHTE AUS VERSCHIEDENEN BLICKWINKELN 109

3.1 Sexualbegleitung – Begegnungen aus der Sicht einer Sexualbegleiterin 110

3.2 Sexualbegleitung im Heim – eine Betreuerin über die Begegnung zwischen einem Mann aus ihrer Wohngruppe und einer Sexualbegleiterin 114

3.3 Sexualbegleitung und Eltern – eine Mutter über ihre Schwierigkeiten und den Lohn der Mühen 116

3.4 Sexualbegleitung – „Das war ein schönes Gefühl" 119

4 SCHLUSSBEMERKUNG 121

5 LITERATURVERZEICHNIS 125

Vorwort

Obwohl in der theoretischen Diskussion noch kaum zu finden, bewegt sich auf dem Themengebiet Sexualbegleitung gerade aus der Initiative Betroffener und ihrer BetreuerInnen und Eltern heraus immer mehr. So gewinnt das Thema Sexualität und insbesondere Sexualbegleitung auf sonderpädagogischer Ebene an Popularität und Interesse und wird zunehmend auch Thema auf Kongressen und Fortbildungen[1]. Vorrangig im mittel- und norddeutschen Raum haben sich in den letzten Jahren Initiativen und Organisationen entwickelt, die sich mit dem Thema Sexualität und Sexualbegleitung beschäftigen und Sexualbegleitung als Service bzw. Dienstleistung immer mehr auch für Menschen mit geistiger Behinderung anbieten[2]. Dabei ist dieser Service nichts Neues. Schaut man in die skandinavischen und Benelux-Länder, so zeigt sich eine sexualpädagogische Arbeit und eine Unterstützung von Menschen mit Behinderung in ihrer Sexualität, die unserem Umgang und unserer Einstellung zu diesem Thema weit vorauseilt. Sexualbegleitung ist dort kein Tabu, sondern gelebter Alltag.

Mit dieser Arbeit soll neben der Darstellung verschiedener Initiativen und Anbieter eine theoretische Annäherung an das Thema Sexualbegleitung bei Menschen mit geistiger Behinderung versucht werden. Eine Auseinandersetzung mit diesem Thema ist meines Erachtens auch deshalb sehr wichtig, weil sie – hoffentlich – Möglichkeiten bietet, Argumente für eine öffentliche und gesellschaftspolitische Diskussion zu finden, um somit auch einen weiteren Schritt der Normalisierung und Integration zu ermöglichen.

„Übertragen auf die Sexualität behinderter Menschen resultieren hieraus die Forderungen, dass behinderte Menschen die Chance haben müssen, das in einer Gesellschaft gegebene Spektrum sexueller Funktionen erfahren und erleben zu können, und dass hieraus für die Betreffenden die Entwicklung einer emotionalen Persönlichkeit möglich wird, die sich in das Spektrum unserer sozialen Persönlichkeitsfacetten integrieren lässt" (Bernd Pieda zitiert nach Spastiker Hilfe Berlin e.V. 2000, 5). Eine Beschäftigung mit den Themen Sexualität und Sexualität und Behinderung ist unumgänglich, wenn man sich mit Sexualbegleitung auseinandersetzen will und soll deshalb am Anfang meiner Arbeit stehen.

---

[1] U.a. Kongress „Behinderte Sexualität – Verhinderte Lust", 6. - 8. September 2000 in Nürnberg; Fachtagung zu Sexualität und Behinderung „TABU und ZuMUTung", 23. u. 24. November 2000 in Erkner bei Berlin; Tagung „Behinderung zwischen Autonomie und Angewiesensein – Psychoanalytische Zugänge", 9. u. 10. Mai 2003 in Berlin

[2] vgl. Kapitel 2.6 Möglichkeiten der Sexualbegleitung in Deutschland: Organisationen und Anbieter

Vorwort

Letztendlich muss eine Auseinandersetzung aber auf allen Ebenen fundiert und offen zwischen den Menschen mit Behinderung und ihren Stellvertretern und Betreuern, in Einrichtungen, in der Öffentlichkeit und nicht zuletzt in der Politik stattfinden und darf sich nicht in theoretischen Abhandlungen erschöpfen. Denn die „physische Integration haben wir bislang recht umfassend für behinderte Menschen erreicht, es bleiben aber die Herausforderungen der funktionalen und der sozialen Integration" (ebd.).

Angesichts des bisher eher geringen theoretischen Auseinandersetzung mit dem Thema konnte ich bei der Erstellung meiner Arbeit nur auf wenig spezifische Literatur zurückgreifen. Aus diesem Grund war ich um so mehr dankbar für die Diskussions- und Hilfsbereitschaft vieler Menschen, die mir mit ihrem Wissen, ihren Erfahrungen und auch mit kritischen Gedanken und Anregungen zur Seite standen. Besonders danken möchte ich dabei Prof. Joachim Walter, Nina de Vries, Klaus Hartmann von der SBS-Sexualberatungsstelle in München, Matthias Vernaldi von Sexybilities, Werner Schuren vom Projekt „Soziallotse" in Winsen und Jürgen Heintzenberg vom isp in Dortmund für ihr allzeit offenes Ohr und ihre inhaltlichen Hilfen. Meinem betreuenden Dozenten Peter Heinrich für die Unterstützung und die Möglichkeit, meine Zulassungsarbeit nach eigenen Vorstellungen zu gestalten. Viele meiner Freunde haben meine Arbeit mit großem Interesse verfolgt und dadurch immer wieder Anlass zu neuen Gedankengängen gegeben. Für Literaturtipps, die Hilfe beim Korrigieren, für den seelischen Beistand während der „Durststrecken" und vor allem für ihre Kritik danke ich ganz besonders Alex, Caro, Bernhard, Karin, Jürgen und meinen Eltern, vor allem meiner Mutter für ihre anfängliche Skepsis und ihr wachsendes Interesse.

Würzburg, im Juni 2003   Monika Krenner

1 Sexualität und Behinderung

Selbst an Universitäten ist das Thema Sexualität und Behinderung ein selten diskutiertes, teilweise tabuisiertes oder oft nur schemenhaft angerissenes. Und das, obwohl sich die Einstellungen und die Sichtweisen zur Sexualität allgemein wesentlich verändert haben und sich Ansätze einer ganzheitlichen Sexualaufklärung und die Einflüsse der Sexualität auf unsere Identitätsbildung und unser Selbstwertgefühl nicht mehr hinter prüden, aufoktroyierten Vorstellungen von Sünde und Scham verstecken müssen. – Eigentlich.

Auch im Zuge von Normalisierung und Integration wurde eine Enttabuisierung des Phänomens Behinderung – scheinbar – auf breiter Ebene, alle Facetten des Menschseins umfassend als Ziel angestrebt. „Förderung, Mobilität und Gleichstellung sind im öffentlichen Gespräch und werden eingefordert und umgesetzt. Trotzdem wirkt die Stigmatisierung fort. So finden unterdessen am Arbeitsplatz Berührungen statt, in der S-Bahn, im Supermarkt oder beim Opernbesuch. Die intensivste aller Berührungen jedoch, die Haut an Haut, wird immer noch angstvoll gemieden. Immer wieder wird in Bezug auf Behinderung und Sexualität von einem Tabu geredet. So stark ist die Abwehr" (Vernaldi 2002b, 4f).

Die Frage nach einer „behinderten Sexualität" bleibt also trotz Normalisierung und Integration immer noch aktuell. Mit dem Wandel der Sichtweisen und Einstellungen auch in Bezug auf Behinderung rückt sie jedoch in ein neues Licht. Wer behindert eigentlich wen?

Vor Beantwortung dieser weiterführenden Fragen, soll zunächst aber geklärt werden, was unter Sexualität verstanden wird.

1.1 Was ist Sexualität

> *Mit dem nackten Körper stets den Begriff der Erotik zu verbinden:*
> *das ist ungefähr so intelligent, wie beim Mund stets an Essen zu denken.*
> *Mit dem Mund ißt man nicht nur, man spricht auch mit dem Mund.*
> *Durch die nackte Haut atmet man.*
>
> Kurt Tucholsky

Die Sexualität eines Menschen ist wohl einer der prägendsten Bereiche unseres Daseins. Der Umgang mit und das Aus- und Erleben dieser dem Menschen innewohnenden „grundlegenden Lebenskraft" (Feuser 1980, 205) ist so verschieden wie die Menschen selbst es sind, da Sexualität „immer an lebende Wesen und an ihre jeweilig einmalige materielle, geistig-seelische und soziale Organisation gebunden" (Stöckmann 1981, 468) ist. Nach Offit, ist „Sexualität das, was wir daraus machen" (Offit zitiert nach Wilhelm 1996, 20), das heißt, Sexualität ist keine statische Gegebenheit, ihre Ausprägung ist abhängig von der momentanen und individuellen Situation, „gelebte Sexualität ist immer auch bestimmt von gesellschaftlichen Rahmenbedingungen und der individuell erfahrenen Sozialisation und Biographie, etwa bezüglich Geschlechtsrollen, Werten und Normen, oder auch dem Zugang zu Information usw." (Frey 2002, 104). Auch wenn Sexualität letztendlich also so vielfältig und individuell ist, wird sie meist noch immer auf Genitalsexualität verkürzt. Was wir in unserer Gesellschaft aus Sexualität machen, dreht sich oft nur um den Geschlechtsakt, um Koitus, Potenz und Orgasmus. Der Geschlechtsverkehr ist das, woran man denkt, wenn über Sexualität gesprochen wird. Dabei wird übersehen, dass diese Einstellung weder dem Menschen noch seiner Sexualität gerecht wird und dass viele unter dem aufkommenden Leistungsdruck und der einseitigen, am Körperkult orientierten Sichtweise leiden (vgl. Vernaldi 2002b). „Ganz allgemein kann man sagen, dass der 'Fetisch Genitalität' die menschliche Sexualbeziehung heute in dreifacher Weise verzerrt. So finden wir:

- eine Überbetonung der männlichen sexuellen Initiative (auf Kosten der weiblichen Initiative)
- eine Überbetonung des Koitus (auf Kosten anderer Formen des Geschlechtsverkehrs),
- eine Überbetonung des Orgasmus (auf Kosten verspielter Zärtlichkeit oder des langsamen sinnlichen Genusses)" (Häberle 1985, 269).

Dabei ist Sexualität weitaus mehr: sie berührt alle Bereiche, die das Mann- und Frausein, das Menschsein und die zwischenmenschliche Kommunikation betreffen und ist nicht altersgebunden, auch wenn ihre Erscheinungsformen – teils entwicklungslogisch, teils gesellschaftlich bedingt – alterspezifisch sind. Löwitsch schreibt: „Sexualität ist nicht etwas am Menschen, etwas, das er 'hat', eine zusätzliche Eigenschaft oder Möglichkeit für bestimmte Anlässe und Situationen – sexuell 'ist' er durch und durch" (Wilhelm 1996, 21f).

Mit dem (An-) Erkennen aller Bereiche der Sexualität, nehmen wir Sexualität als eine dem Menschen grundlegende Kraft an, die ihn wesentlich beeinflusst und antreibt, sei es im positiven oder negativen Sinn. Nach meinem Überblick über die Literatur lassen sich dabei folgende Bereiche unterscheiden:

- der biologische Aspekt zum Zweck der Fortpflanzung,

- der psychosexuelle Aspekt als fundamentale Kraft im Menschen, die einen wesentlichen Beitrag leistet zur Identitätsbildung und zum Aufbau des Selbstwertgefühls im Leben als Mann und Frau,

- der physiologische Aspekt, der den individuellen Lustaspekt herausstellt und letztendlich auch

- der soziosexuelle Aspekt, dem Beziehungsaspekt also, dem Bereich in dem zwischenmenschliche Beziehungen aufgebaut und vertieft werden (körperlich, seelisch und geistig), in dem Sexualität kommunikativen Charakter annimmt.

Sporken stellt ein Drei-Stufen-Schema auf und teilt Sexualität in drei Bereiche ein. In einen *äußeren Bereich*, der alle Aspekte des Frau- und Mannseins beinhaltet, wie man sich als Frau oder Mann bewegt, verhält, kleidet, zugeschriebene Rollen und auch der Kampf daraus auszubrechen, dann den *mittleren Bereich* von Zärtlichkeit, Sensualität, Erotik, alle zwischenmenschlichen Bereiche in denen Beziehungen gelebt werden, also auch freundschaftlicher Umgang mit Menschen, denen man sich nahe fühlt, und schließlich den *inneren Bereich* der Genitalsexualität (vgl. Sporken 1980, 19f; Adam 1990, 214ff).

Die Gefahr bei jeglicher Einteilung liegt darin, dass man dazu neigt einen Bereich in den Vordergrund zu stellen, als wichtigsten zu betrachten und dabei die anderen auszublenden. Sporken selbst weist aber darauf hin, dass die Stufung keiner Wertigkeit entspricht und dass man nicht zu dem Trugschluss kommen sollte, der mittlere Bereich sei der wichtigere, während man die Genitalsexualität als bloße Triebkomponente betrachtet. Gerade in der Diskussion um Sexualität und Behinderung wird Sexualität oft auf den mittleren Bereich reduziert (es „reiche den Menschen mit Behinderung völlig aus, sich umarmen oder küssen zu dürfen", „das was Menschen mit Behinderung suchen seien Freundschaften"), bzw. wird es Menschen mit Behinderung damit abgesprochen als Mann oder Frau zu leben, man begegnet ihnen von vorne herein als geschlechtsloses Wesen.

„Jeder der genannten Bereiche [aber] verdient volle Anerkennung. Ist ein Bereich nicht realisierbar [...], so kann und darf das nicht als Alibi für die Verhinderung oder Unterdrückung auch der anderen Bereiche dienen. Allein der Aspekt subjektiven Lustgewinns durch sexuelle Betätigung, auch wenn er die Dimension partnerschaftlicher Zuwendung nicht erreicht, ist Grund genug, die Entwicklung der Sexualität umfassend zu fördern und sie einem Menschen zu ermöglichen, sei er nun behindert oder nicht" (Feuser 1980, 205).

Trotz der Gefahr einseitiger Auseinandersetzung und Sichtweise sehe ich den Vorteil solcher Definitionen darin, dass die Diskussionen um die Sexualität von Menschen mit Behinderung mit so umfassenden Definitionen nicht nur auf die Problematik Geschlechtsverkehr, Verhütung/Sterilisation und Schwangerschaft reduziert werden, wie es lange Zeit der Fall war, sondern dass sie den Menschen mit Behinderung als sexuelles Wesen anerkennen, in ALLEN Bereichen und von Kindheit an.

Menschen mit Behinderung stehen also in einem gewissen Spannungsfeld: Die Gesellschaft, die für sich Sexualität in erster Linie unter dem Blickwinkel der Genitalsexualität sieht, spricht Menschen mit Behinderung genau diesen Bereich menschlicher Sexualität ab und spricht von behinderter Sexualität. Mit Blick auf die vorgestellten weiteren Sichtweisen von Sexualität die sich nicht allein auf den Aspekt der Genitalität beschränken, muss man sich die Frage stellen, ob es denn eine behinderte Sexualität im Zusammenhang mit Behinderung überhaupt gibt. Auf diese Frage soll im nächsten Abschnitt eingegangen werden.

1.2 Gibt es behinderte Sexualität? – Wer behindert wen?

In verschiedenen Veröffentlichungen liest man im Zusammenhang mit Behinderung immer wieder von „behinderter Sexualität". Stellt man die Frage, ob es behinderte Sexualität denn überhaupt gibt, so würde ich die Frage damit beantworten, dass es wohl falsch ist, von „behinderter Sexualität" im Sinne einer besonderen Sexualität von Menschen mit Behinderung zu sprechen. Behinderte Sexualität hat erst auf den zweiten Blick etwas mit der Behinderung zu tun, nämlich dann, wenn Menschen mit Behinderung Sexualität abgesprochen wird, wenn sie als geschlechtslose Menschen behandelt werden, wenn Vorurteile über die Sexualität behinderter Menschen den pädagogischen, institutionellen und privaten Umgang bestimmen. „Erst durch uns, unser erzieherisches Verhalten, unsere Ge- und Verbote, wird Sexualität geistigbehinderter Menschen zu einer *be*hinderten oder gar *ver*hinderten Sexualität" (Walter 1986, 22, Herv. i. Orig.).

Das Behindert-werden darf dabei eben nicht einseitig auf die Schädigung zurückgeführt werden, sondern geht im wesentlichen von gesellschaftlichen Verhaltensweisen und Einstellungen aus. Vernaldi spricht davon, dass den Menschen mit Behinderung nicht gemein ist, keine sexuellen Wesen zu sein, sonder dass das, was sie „verbindet, [...] die Wahrnehmung von Behinderung in Bezug auf Sexualität [ist]. Wir haben damit zu tun, dass es tief im gesellschaftlichen Unbewussten verwurzelte Übereinkünfte zu geben scheint, Behinderung zu entsexualisieren. Das geschieht zum einen durch Ignoranz und zum anderen in der Zuweisung von erotischer und sozialer Unattraktivität. Als Behinderte stehen wir für Leid, Schmerz, Krankheit, Abhängigkeit und Tod: Dinge, die man nicht an sich heranlassen will" (Vernaldi 2002b, 4).

So kann man sagen, dass Sexualität (unabhängig von Behinderung) immer dann als behindert erlebt wird, wenn für den Einzelnen unangenehme Situationen und Gefühle entstehen. „Illusionen, überzogene Erwartungen, Gefühle des Betrogen-, Verlassen-, Verletztseins, des Unvermögens, Versagens und Scheiterns, das alles belastet und behindert die Sexualität eines Menschen" (Schröder 1981, 468), wenn er sich in seinem so sein nicht angenommen fühlt, wenn er statt Zuneigung Ablehnung erfährt, sich ausgenutzt oder überfordert fühlt, Gefühle die er hat nicht zeigen und ausleben darf. In der Literatur wird dabei von sog. äußeren Faktoren gesprochen (vgl. u.a. Wilhelm 1996), die jedeR von uns in der einen oder anderen Weise schon einmal erlebt hat. Als äußere Faktoren gelten dabei u.a. der Umgang mit und die Einstellung zu Sexualität und ihren Erscheinungsformen im jeweiligen sozialen Umfeld, der Kultur, der Religion und der Gesellschaft. So können ganz persönliche Erfahrungen, wie z.B. eine lieblose Umgebung im Kindesalter, die körperlichen Kontakt, Zärtlichkeit oder einen positiven Umgang mit dem eigenen Körper nicht ermöglichen, aber eben auch „allgemeingültige" Sichtweisen, wie der Umgang mit Homosexualität, die Einstellung der katholischen Kirche zu Verhütung und vorehelichem Geschlechtsverkehr, der herrschende Körper-, Schönheits- und Jugendkult und eben auch die Einstellung zur Sexualität von Menschen mit Behinderung, das Er- und Ausleben der eigenen, individuellen Sexualität *behindern*.

Dem gegenüber stehen „innere Faktoren", von denen man spricht, wenn die Erlebnisfähigkeit, aufgrund unterschiedlichster Ursachen, von den eigenen Bedürfnissen abweicht. So fällt es vielen Menschen schwer, eigene Gefühle überhaupt auszudrücken, die Gefühle anderer wahrzunehmen und damit umzugehen, eigene Bedürfnisse zu erkennen und zu äußern oder Lust ohne schlechtes Gewissen zu empfinden und sich ihr hingeben zu können. Psychische Beeinträchtigungen können dabei genauso eine Rolle spielen wie körperliche.

Obwohl die Sexualität von Menschen mit Behinderung keine an sich andere ist, so gibt es neben der Tatsache, dass Menschen mit Behinderung (genau wie andere Randgruppen) äußeren Faktoren meist besonders intensiv ausgesetzt sind, spezifische innere Faktoren die das Erleben und Ausüben der Sexualität erschweren. Beispielsweise kann ein starker Spasmus die Bewegungsfähigkeit so einschränken, dass es dem/der Betroffenen nicht möglich ist, sich ohne Hilfe selbst zu befriedigen, auch eine Schädigung des ZNS, die die Wahrnehmung beeinflusst kann die Sexualität behindern, „ebenso können fehlender Antrieb, gestörte Wahrnehmung oder Sinnesschädigungen die Entfaltung ungehinderter Interessen und Umgangsformen in bezug auf den eigenen Körper schwerwiegend beeinträchtigen" (Dank 1993, 125). Es gibt ein paar wenige Schädigungsbilder, bei denen das Er- und Ausleben von Sexualität dadurch beeinträchtigt ist, dass aufgrund einer genetischen Störung die Geschlechtsmerkmale nicht vollständig ausgebildet werden[3]. Oft trifft diese Menschen eine einseitige Sichtweise von Sexualität als Genitalsexualität besonders stark, da ihnen dann Sexualität vollkommen abgesprochen wird, weil der Außenstehende keine sexuelle Entwicklung feststellen kann, wenn er sie lediglich an der Ausbildung der Geschlechtsteile und an körperlichen Veränderungen im Zuge der Pubertät festmacht.

Sexualität bleibt in jedem Fall aber ein individuelles Erleben. „Deshalb sollte von uns die Vielfalt der Ausdrucksweisen menschlicher Sexualität [...] [auch wenn sie unserer eigenen noch so fern erscheinen; M.K.] als nichts Verwerfliches sondern als wesentliches und natürliches Mittel der Kommunikation geachtet werden" (Stöckmann, 1986, 43). Sieht man Sexualität also wie oben zitiert nicht als „objektives 'Ansich`, [das] weder fest und statisch, noch eigenständig und unabhängig" (Schröder 1981, 468) ist, sondern von der jeweiligen Situation des jeweiligen Menschen geprägt wird, so kann „befriedigend erlebte Sexualität, ganz unabhängig von ihren Verwirklichungsmodalitäten, – auch wenn diese sehr begrenzt sind – nie defizitär oder behindert sein" (Glöckner 1998, 159), sondern nur behindert *werden*.

---

[3] Z.B. Klinefelter-Syndrom (Unterentwicklung der Hoden, häufig weibliche Brustbildung in der Pubertät, Ausbleiben des Bartwuchses, anhaltend hohe Stimmlage), Turner-Syndrom (Ausbleiben der Ausbildung der Mammae und Menarche) (vgl. Schmetz 2001, 387).

1.3 Die psychosexuelle Entwicklung bei Menschen mit geistiger Behinderung

Die Entwicklung der Sexualität verläuft bei Menschen mit geistiger Behinderung nicht anders als bei Nichtbehinderten und weist nicht mehr oder andere Komplikationen auf, d.h. sie ist in der Regel altersgemäß und nicht generell frühreif, verzögert oder unvollendet (vgl. Walter 1980, 241). Problematisch wird die psychosexuelle Entwicklung deshalb, weil oft körperliche und psychische Entwicklung unterschiedlich schnell verlaufen. Ein Problem, das auch bei Kindern und Jugendlichen ohne Behinderung immer häufiger auftritt. „Diese Diskrepanz zwischen retardiertem Intelligenzalter und altersentsprechender sexueller Reifung scheint das Zentralproblem der Sexualität Geistigbehinderter zu sein, denn gerade daraus entsteht zwangsläufig ein zuweilen enormes Spannungspotential, das der Geistigbehinderte nicht einmal zu erfassen, geschweige denn zu verarbeiten vermag" (Battistich/Rett 1977, 80). Diese Formulierung mag leicht zu dem Trugschluss führen, das Problem liege im Menschen mit geistiger Behinderung, bzw. sei „lediglich" ein innerer Faktor (im oben genannten Sinn). Doch die „psychische Situation von Menschen mit geistiger Behinderung [...] wird bezüglich des sexuellen Bereichs zumeist dramatisch erschwert durch die Reaktion der Umwelt auf ihr Allgemeinverhalten, ihr Lernverhalten und die nicht selten auftretenden zusätzlichen Beeinträchtigungen im motorischen und sensoriellen Bereich sowie im äußeren Erscheinungsbild" (Bach 1981, 25), welche eine „Isolierung von Anregungen, Informationen, Begegnungs- und Erfahrungsmöglichkeiten" (ebd.) zur Folge haben. So ist es also gerade der Umgang des sozialen Umfeldes mit dieser bestehenden Diskrepanz, ein äußerer Faktor also, der im wesentlichen auf die Einstellung seiner Bezugspersonen zurückzuführen ist, die aufgrund der Annahme einer Diskrepanz zwischen Lebensalter und Intelligenzalter, den Jugendlichen und Erwachsenen mit geistiger Behinderung wie ein Kind behandeln und so eine normale Entwicklung verhindern.[4]

---

[4] Bach weist auf die Notwendigkeit hin, einen Vergleich nicht zur Erstellung eines bloßen „Defizitkataloges" anzustellen, sondern die „offengebliebenen Möglichkeiten, Bedürfnisse, die Hoffnungen, die Lernmöglichkeiten" (Bach 1981, 26) in den Blickwinkel zu rücken und somit einen Ausgangspunkt für eine positive Unterstützung zu erreichen. Es erscheint mir auch besonders im Zusammenhang mit Sexualbegleitung wichtig, den tatsächlichen Standpunkt zu ergründen um wirklich bedürfnisorientiert arbeiten zu können und dort anzusetzen wo der Mann oder die Frau mit geistiger Behinderung ein sexuelles Verlangen verspürt – sei es im Bereich der zärtlichen Berührungen, beim Wunsch nach intimem Körperkontakt mit dem anderen Geschlecht oder dem Erleben eines Orgasmus.

Diese äußeren Faktoren werden zum Beispiel dann deutlich, wenn ein erwachsener Mann mit geistiger Behinderung mit seiner Mutter oder einer Betreuerin auf die Damentoilette gehen muss, weil er Hilfestellung braucht oder die geschlechtsleugnende Behindertentoilette aufsuchen muss, wenn diese überhaupt vorhanden ist. Auch eine Abnabelung vom Elternhaus gesteht man Menschen mit Behinderung nicht in dem Maße zu wie Nichtbehinderten, was darin deutlich wird, dass die Mehrzahl der Erwachsenen mit geistiger Behinderung im Haushalt der Eltern leben.

Auch Senckel schreibt: „Die meisten geistig behinderten Menschen durchleben die körperliche Pubertät altersgemäß oder leicht verzögert, wohingegen ihre psychische Entwicklung viele Jahre zurückgeblieben ist" (Senckel 1998, 176) und weist ebenfalls auf die eingeschränkten „Entfaltungsspielräume für eine erwachsenengemäße Lebensführung" (ebd., 177) hin.

Ein weiteres Handicap in der Entwicklung der Sexualität erfahren Kinder mit geistiger Behinderung oft schon gleich nach der Geburt, wenn ihnen z. B. aufgrund von Untersuchungen der erste liebevolle körperliche Kontakt mit der Mutter verwehrt bleibt oder sie länger von den Eltern getrennt werden, als dies bei Routineuntersuchungen nach jeder Geburt der Fall ist. Diese „primären Mangelerscheinungen" (Dank 1993, 124f) werden auch dann deutlich, wenn das Kind auch später „kaum freudige Reaktionen auf das gezeigte Verhalten" (ebd.) erfährt. „Deshalb ist für viele Schwerstbehinderte Kinder anzunehmen, daß sie bereits mit ihrem Eintritt in das Leben einer leiblich-emotionalen Mangelsituation ausgesetzt waren und den eigenen Körper hauptsächlich negativ [...] erleben mußten" (ebd.).

1.4 Die Sexualität von Menschen mit geistiger Behinderung – eine behinderte Sexualität!

Wenn Herr K. einen Menschen liebte
„Was tun sie", wurde Herr K. gefragt, „wenn sie einen Menschen lieben?"
„Ich mache einen Entwurf von ihm", sagte Herr K., „und sorge dafür, dass er ihm ähnlich wird."
„Wer? Der Entwurf?"
„Nein", sagte Herr K., „der Mensch."

Bertold Brecht

„Seit [...] Jahren reden und schreiben wir über die Sexualität geistig behinderter Menschen. Wir reden und schreiben darüber, als sei die Sexualität von geistig behinderten Menschen von besonderer und anderer Art und als hätten wir sie entdeckt. Verbirgt sich dahinter nicht unsere unterschwellige, immer vorhandene Absicht, geistig Behinderte zu besonderen und anderen Menschen zu machen? Wir sollten zur Kenntnis nehmen, daß bei geistig behinderten Menschen in der Vergangenheit der sexuelle Bereich ebenso verdrängt wurde wie das in der übrigen Gesellschaft der Fall war. Sexualität ist also nicht etwas besonderes oder neues bei geistig Behinderten" (Huber 1986, 12).

Huber greift hier wichtige Punkte in der Auseinandersetzung mit diesem Thema auf. Wie bei vielen Diskussionen über Themen, die Menschen mit geistiger Behinderung betreffen, sind wir es, die *über ihre* Sexualität reden ohne die Männer und Frauen mit geistiger Behinderung ins Gespräch einzubeziehen, mit ihnen in Dialog zu treten. Auch in dieser Arbeit ist das der Fall. „Aber darin liegt aus meiner Ansicht gerade die Crux mit der Sexualität behinderter Menschen, daß andere für sie denken, planen und entscheiden, was gut und tolerabel – und was schlecht und deshalb zu unterbinden sei" (Walter 1986, 19f)[5]. Durch dieses Verhalten sind wir es, wie oben schon genannt, die die Sexualität der Menschen mit geistiger Behinderung behindern und in Schranken weisen. Walter spricht dabei von „sekundärer sozialer Behinderung" (ebd., 22), da die „primäre geistige Behinderung diese Menschen oft weniger in ihrer Sexualität behindert, als all unsere Vorurteile, all die hinderlichen baulichen und strukturellen Bedingungen in der elterlichen Wohnung oder in den Wohngruppen der Heime oder Anstalten, mit ihrer Ghettoisierung bestimmter Behin-

---

[5] „Ich finde es manchmal ziemlich komisch, den Preis mit den Betreuern zu vereinbaren. Und oft geben mir die Betreuer sogar das Geld und nicht die Betroffenen selbst" (Balás 2002, 90). Interview mit einer Sexualbegleiterin, die mit Menschen mit Körperbehinderung arbeitet.

dertengruppen unter meist sexualfeindlichen Normsystemen" (ebd.)[6]. Ein dritter Punkt, den Huber aufgreift liegt darin, dass es „die" Sexualität von Menschen mit geistiger Behinderung nicht gibt. Sie ist an sich keine andere als die der Menschen ohne Behinderung. Sie ist eine andere als die der Autorin oder der LeserInnen, aber allein aus dem Grund, weil Sexualität individuell ausgeprägt und erlebbar ist und nicht, weil die einen ohne geistige Behinderung leben und die anderen mit. „Durch die Behinderung erhält sie lediglich eine weitere Facette individueller Eigenart" (Schröder 1981, 468). „Die Sexualität eine Kindes, eines Jugendlichen oder Erwachsenen mit geistiger Behinderung ist stets von der Vielzahl [...] [von] Faktoren beeinflußt und nie nur Ausdruck etwa einer vorliegenden hirnorganischen Schädigung" (Walter 1986, 23).

Diese drei Gesichtspunkte: wir reden über die Sexualität von Menschen mit geistiger Behinderung, wir behindern diese und Sexualität ist *immer* individuell, sind Reflexionen, die gedanklich „mitlaufen", wenn ich im Folgenden (trotz allem) über „die" Sexualität geistigbehinderter Menschen schreibe. Dabei geht es mir vorrangig darum, aufzuzeigen, dass die so oft als anders interpretierte Sexualität von Menschen mit geistiger Behinderung zu einem großen Teil nicht aufgrund der Schädigung als eine andere erscheint, sondern aufgrund der Lebenswirklichkeit der Menschen mit geistiger Behinderung, die bedingt durch gesellschaftliche Umstände und Zuschreibungen eine andere ist als die von Menschen ohne Behinderung. Diese Lebensumstände haben auch auf die Entwicklung und das Ausleben der Sexualität Einfluss.

Um dies darzustellen, wird es nötig sein, einige schon angesprochene Aspekte in gewisser Weise zu wiederholen und aufzuzeigen in wie weit die Lebenswirklichkeit von Menschen mit geistiger Behinderung im Bezug auf ihre Sexualität von Vorurteilen bzw. Problemfeldern geprägt ist.

Die Sexualität von Menschen mit geistiger Behinderung wird von vielen Menschen noch immer *geleugnet oder verdrängt*. Wie schon oben erwähnt spielt hier die Orientierung am Intelligenzalter und die Tatsache, dass Sexualität im Allgemeinen vor der Pubertät meist negiert wird eine große Rolle. So wird „vom Geistigbehinderten [...] erwartet, daß er in seinem Erscheinen stets das naive, unverdorbene und geschlechtslose 'große' Kind bleibt" (Walter 1986, 22), dessen Sexualität nicht existiert oder nicht akzeptiert wird. Für den Menschen mit geistiger Behinderung ergibt sich hieraus ein Dilemma zwischen seinen

---

[6] Vgl. hierzu die Untersuchung "Liebe im Heim" von Wacker (1999): Aufgrund von Umfragen in Heimen werden die einschränkenden/verhindernden Rahmenbedingungen in Bezug auf die freie Entfaltung der Sexualität skizziert.

eigenen sexuellen Bedürfnissen und dem Bedürfnis nach der Anerkennung durch seine Eltern und Bezugspersonen, die ihm ihrerseits in Familie und Gesellschaft ein durch Sexualität geprägtes Leben vorleben, das von ihm Gesehene und (Mit-)erlebte – und damit als „normal" empfundene – ihm selbst aber absprechen, ihn isolieren, wenn es um Partnerschaft, Kinderwunsch, Heirat und das Ausleben von Sexualität geht.[7] Feuser verweist darauf, dass dem Menschen mit geistiger Behinderung letztendlich nichts anderes übrig bleibt, als in Isolation sozialer Beziehungen „seine Bedürfnisse auf eigenkörperliche Erfahrung (Onanie/Masturbation) einzuschränken oder Ersatzbefriedigungen anzustreben" (Feuser 1980, 203) oder den Kontakt in aggressiven Handlungen gegen sich und andere zu suchen[8]. So muss der Mensch mit geistiger Behinderung „will er das seine Existenz garantierende Minimum an sozialer und vor allem personaler Zuwendung nicht verlieren, selbst sich so verhalten, als sei er tatsächlich geschlechtslos. Obwohl er sich ständig mit seiner Sexualität auseinandersetzen muß, muß er so tun, als gäbe es sie nicht, muß er die für ihn subjektiv bestehende Realität leugnen, um den geforderten Anpassungsprozeß an eine Umwelt leisten zu können von der er abhängig ist" (ebd.).

Diese zwangsläufig oft tendenziell aggressiven, auf sich selbst gerichteten sexuellen Handlungen führen in der Auseinandersetzung mit der Sexualität von Menschen mit geistiger Behinderung oft zu einer *Dramatisierung und Überbetonung*, da die Hintergründe geleugnet oder nicht gesehen werden und das Verhalten von Nichtbehinderten folglich als besonders triebhaft erachtet oder in ihm „´nur` die tierische Befriedigung rein körperlicher Bedürfnisse" (Walter 1986, 23) gesehen wird. Dahinter verbirgt sich auch das Vorurteil, Menschen mit geistiger Behinderung seien intellektuell und moralisch nicht dazu in der Lage, mit ihrer Sexualität umzugehen, sie so auszuleben, wie es gesellschaftlich akzeptiert ist, nämlich in partnerschaftlicher Beziehung. Die Lebensrealität einer verneinten Sexualität und Isolation zwingt den Menschen mit geistiger Behinderung letztendlich dazu „eine besondere spezifische Individualität bei gleichzeitig reduzierten sozialen Möglichkeiten" (Feuser 1980, 203) zu entwickeln. Erziehungsratschläge wie der folgende spiegeln die Dramatisierung der Sexualität und letztendlich die Angst der Betreuer und Eltern wieder und führen dazu, dass ein erfülltes Sexualleben schon im Keim erstickt wird. Die Empfehlung lautet hier, „einen achtjährigen geistig Behinderten nicht mehr zu

---

[7] Vgl. Schmidt 2002, 213: Er spricht in diesem Zusammenhang von der „`Diktatur der sexuellen Normalität`, wobei Nichtbehinderte sexuelle Normen repräsentieren, die behinderte Menschen nicht unbedingt erfüllen können wie Leistungsfähigkeit, makelloses Aussehen, cooles Auftreten."

[8] In Erfahrungsberichten über Sexualbegleitung findet man immer wieder Schilderungen, die darauf hindeuten, dass aggressives Verhalten durch die Möglichkeit, sexuelle Befriedigung zu erlangen vermindert wird. (Vgl. dazu Kapitel 3.4.4 und Müller 2002, 18).

küssen oder ihn auf den Schoß zu nehmen, weil ihn dies sexuell stimulieren könnte" (Feuser 1980, 202). Anstelle die erscheinenden Verhaltensweisen, als eine Folge unterdrückter und negierter Sexualerziehung anzuerkennen und dadurch einen positiven Umgang zu ermöglichen, bilden solche Ansichten die Grundlage weiterer Maßnahmen der selben diskriminierenden Art und Weise. „Wir müssen erkennen, daß Äußerungsformen der Sexualität der psychischen Entwicklungslogik des Menschen folgen und nicht eine auf das Lebensalter bezogenen Norm, die wir über alle Menschen stülpen" (Feuser 1980, 203).

Die Vermutung einer distanzlosen und triebhaften Sexualität von Menschen mit geistiger Behinderung hat ihre Ursache oft in einer *Fehlinterpretation bestimmter Verhaltensweisen*. So wird Verhalten, das in seinem Kern kein eigentlich sexuelles darstellt als (sexuell) triebhaft, abstoßend und vielleicht sogar pervers interpretiert. So können autosexuelles, autoaggressives und aggressives Verhalten eine Möglichkeit darstellen, sich selbst (als Einheit) zu erleben oder sich von der Umwelt abzugrenzen[9]. Ebenso stellen „Riechen, Belecken, In-den-Mund-stecken, Beißen, Verschlucken, Ergreifen, Anfassen, Festhalten, Herstellen von direktem Körperkontakt" (Dank 1993, 126) eine Kommunikationsform zur Auseinandersetzung mit und der intensiven Erkundung der Umwelt dar. „Diese Verhaltensweisen werden jedoch in unserem Kulturkreis nur bei sehr kleinen Kindern akzeptiert" (ebd.). Gerade der enge Körperkontakt stellt in unserer Gesellschaft ein Verhalten dar, das fast ausschließlich unserem Partner, unserer Partnerin, in gewissen Formen auch engen Freunden und Familienmitgliedern vorbehalten ist. Menschen mit geistiger Behinderung haben diese kulturellen Regel oft nicht kennen gelernt, können sich ihnen nicht anpassen und stoßen so auf Abwehr. Wir haben in unserem Wortschatz eine Vielzahl von Wörtern und Begriffen, um die Zuneigung zu einem Menschen, die Freude über seine Anwesenheit, das Interesse an einer intensiveren Auseinandersetzung oder Beziehung usw. auszudrücken. Menschen mit geistiger Behinderung sind in solchen Situationen auf nonverbale Kommunikation angewiesen die sich im zwischenmenschlichen Bereich in Gesten und Handlungen aus dem Mittelbereich (wie ihn Sporken beschreibt) äußert. Auch wenn nicht eine konkrete „sexuelle Handlungsintention" dahintersteckt, wie evtl. inter-

---

[9] Vgl. Schmetz (2001, 387): „Exhibitionistische Handlungen bei geistigbehinderten Jugendlichen oder Selbstbefriedigung in der Öffentlichkeit sind zumeist Ausdruck sozialer Kontaktsuche und der Suche nach Selbstwertbestätigung. Der behinderte Jugendliche erkennt mit zunehmenden Alter sein Anderssein." Und Bader (1991, 223): „Verhaltensweisen von manchen Schwerbehinderten, wie sich mit Speichel oder Urin zu beschmieren oder Hyperventilisationen oder sogar Autoaggressionen führen eventuell zu einer intensiven Erkundung des eigenen Körpers und tragen zum Aufbau eines wie auch immer gestalteten Körperschemas bei."

pretiert, sondern eben das Ausdrücken von Zuneigung. So werden diese Verhaltensweisen oft verboten, verleugnet, nicht erwidert. Dies „kommt [...] einer grundsätzlichen Einschränkung zwischenmenschlicher Kommunikation durch non-verbale Körpersprache gleich" (Walter 1980, 247). Das eigentliche Problem liegt dabei eher darin, dass diese nonverbalen Äußerungen als Distanzlosigkeit und nicht passend interpretiert werden, während sie „lediglich" das ausdrücken, was wir mit Worten sagen können: „Ich mag dich", „Ich bin froh, dass du da bist", „Schön mit dir zu reden". Die dadurch entstehenden Missverständnisse sind also auf unser Unvermögen, uns auf andere Kommunikationsformen als die gewohnten einzulassen und nonverbale Äußerungen situativ richtig zu interpretieren zurückzuführen und nicht etwa auf (gewollt) distanzloses Verhalten unseres Gegenübers.

Auf der anderen Seite haben Menschen mit geistiger Behinderung in der Kontaktaufnahme auch deshalb Schwierigkeiten, weil ihnen gesellschaftliche Konventionen fremd sind. Weil sie sie nicht überschauen und begreifen können oder weil sie in diese schlichtweg nicht eingeführt wurden. Ruth Terrinde, Gestalttherapeutin eines jungen Mannes mit autistischen Zügen berichtet dahingehend im Zusammenhang mit dem wachsenden Interesse ihres Klienten am anderen Geschlecht: „Er war fixiert auf blonde Frauen. [...] Das konnten wir in der Stadt beobachten. Wir haben es letztendlich gar nicht mehr gewagt in die Stadt zu gehen mit ihm. Als Autist hatte er nicht die Möglichkeit, Kontakt angemessen zu gestalten. Er wurde übergriffig, hat Frauen von hinten angefasst. Er meinte das ganz zärtlich, aber das ist gesellschaftlich nicht gewollt, dass ein Behinderter eine Frau einfach anfasst" (Terrinde zitiert nach de Vries 2002d, 1). Obwohl die Gründe für solches Verhalten bei allen Menschen mit geistiger Behinderung und auch bei Menschen mit autistischen Zügen unterschiedlich sein werden, so verdeutlicht dieses Beispiel doch auch das Dilemma zwischen Bedürfnis und gesellschaftlichen Konventionen, die erlernt werden müssen, um problemlos Kontakte aufnehmen zu können. Die Reaktion auf solch „unkonventionelles" Verhalten, soll immer aber auch die Situation miteinbeziehen und nicht als bloße Abwehr stattfinden. Wenn Grenzen überschritten werden, so soll dem Menschen mit geistiger Behinderung die Möglichkeit eingeräumt werden, diese Grenzen wahrnehmen und verstehen zu können. Was letztendlich bedeutet, gesellschaftliche Umgangsformen zu erlernen.

Des weiteren *erfahren* Menschen mit Behinderung *ihren Körper in erster Linie in Pflegesituationen*, die keinen Raum für Intimitäten und das lustvolle Kennenlernen des eigenen Körpers zulassen. Die Erfahrungen mit dem eigenen Körper sind aufgrund der Biografie eher negativ besetzt. Auch ist „der Körper Quelle von Schmerz durch medizinische Eingriffe oder Therapie, Grundlage einer negativen Identität" (Bollag 2002, 231). „Körperkontakte, Berührungen, auch in intimen Bereichen, haben normalerweise mit Sexualität zu tun. Es ist ein tragisches Paradoxon, daß man Pflegeabhängigen, Alten und Behinderten, die besonders oft berührt werden, diese Sexualität abspricht" (Eggli 1999, 100).

Für viele Eltern und Betreuer ist das Absprechen der Sexualität eine Handlung des Selbstschutzes: „Da sie sehr eng mit dem Intimbereich ihrer Kinder in Verbindung stehen, schaffen Eltern [...] [dadurch] eine innere Distanz [...]. Dahinter steht die Angst, durch die eigene Handlung eine sexuelle Reaktion hervorzurufen" (Diehl 2000, 16). So liegt ein weiterer Aspekt der Negierung der Sexualität von Menschen mit geistiger Behinderung in der *Angst der Betreuer und Eltern*, die gerade in der Arbeit und Auseinandersetzung mit Kindern und Jugendlichen mit geistiger Behinderung weitaus mehr mit deren Sexualität konfrontiert werden, als es bei nichtbehinderten Kindern und Jugendlichen der Fall ist. Zum einen, weil diese sich mit vielen Fragen und Problemen an Gleichaltrige oder Freunde wenden, bzw. Antworten in informellen Medien finden und zum anderen weil Bezugspersonen aufgrund der Körperpflege auch viel mehr im Intimbereich von Kindern mit Behinderung agieren. Ebenso ist „man aufgrund der jahrelangen Konfrontation mit den 'Besonderheiten' nicht darauf vorbereitet [...], dass die sexuelle (vor allem körperliche) Entwicklung des eigenen Kindes normal verläuft" (Diehl 2000, 16). Die Entwicklung im Bereich des Sexuellen als „normal" anzuerkennen, fällt gerade deshalb so schwer, weil sie Eltern und Betreuer ganz intensiv mit der eigenen Sexualität konfrontiert, was aufgrund verinnerlichter Normen und einer Auseinandersetzung mit dem Thema nur auf der Ebene der Genitalsexualität, große Schwierigkeiten bringt. „Die Behinderung eines Menschen dient uns als Alibi, unserer eigenen Unsicherheiten und Probleme mit unserer Sexualität auf die Betroffenen zu projizieren und sie vermeintlich erziehend an diesen abzureagieren" (Feuser 1980, 195) bzw. „geistig Behinderte zu besonderen und anderen Menschen zu machen" (Huber 1986, 12) in dem wir ethisch-moralische Normen auf sie zu übertragen versuchen, die wir selbst nur eingeschränkt verwirklichen können. Das Negieren der Sexualität dient Eltern und Berufserziehern also zur „Konfliktvermeidung: Wenn man annimmt, dass das Kind/der Jugendliche keine sexuellen Gefühle hat, kann auf die Auseinandersetzung mittels einer Sexualerziehung verzichtet werden" (Diehl 2000, 16), im Zuge derer unumgänglich Dinge thematisiert werden müssen denen man selbst unbeholfen gegenübersteht, oder die man dem Menschen mit Behinderung nicht zutraut. Schließlich soll „die Frustrationsgrenze [...] niedrig gehalten und ein Schonraum für den behinderten Menschen geschaffen werden" (ebd.). Um eine die Sexualität bejahende Erziehung zu gewährleisten, ist es also wichtig, sich zunächst intensiv mit der eigenen

Sexualität auseinander zu setzen (vgl. Feuser 1980, Walter 1986, Dank 1993, Krott 1999, de Vries 2002e). Das erfordert viel Mut und Offenheit und sicher ist es nicht einfach, vor/mit jedem über eigene intime Ansichten zu reden, deshalb müssen hier auch die Bedürfnisse der Betreuer und Eltern gewahrt bleiben, ohne dadurch der Sexualität der Menschen mit Behinderung wiederum zu große Grenzen zu setzen. Letztendlich intensiviert die Tabuisierung von Sexualität und Behinderung durch Gesellschaft die Problematik für Eltern und Betreuungspersonal. Denn wenn sexuelle Bedürfnisse der Menschen mit Behinderung nicht anerkannt werden, so wird es für Eltern und BetreuerInnen, schwierig sein, sich Hilfe zu holen, wenn sie mit dieser Aufgabe überfordert sind.

Als letztes Problemfeld möchte ich den sexuellen Missbrauch ansprechen. Im Zusammenhang mit Menschen mit geistiger Behinderung liest man in zahlreichen Veröffentlichungen, dass gerade dieser Personenkreis besonders gefährdet ist, Opfer sexueller Übergriffe zu werden. Feuser ordnet diesen Punkt den Vorurteilen gegenüber der Sexualität geistigbehinderter Menschen zu und erklärt weiter: „Daß geistig Behinderte besonders gefährdet seien, lässt sich aus entsprechenden statistischen Erhebungen nicht ableiten" (Feuser 1980, 202). Leider gibt Feuser nicht an, aus welchen Statistiken er seine Informationen entnimmt, jedoch ist bekannt, dass den vorhandenen Statistiken auch bei Menschen ohne Behinderung eine wohl sehr hohe Dunkelziffer gegenübersteht. Sicherlich bleibt zu bedenken, dass Feusers Aussage in einer Zeit entstanden ist, in der der Sachverhalt sexueller Übergriffe auf Mädchen/Frauen mit geistiger Behinderung keinen besonderen Stellenwert eingenommen hat, auch hat sich die damalige Sichtweise, im beschützten Umfeld der Familie oder Einrichtung finden sexuelle Übergriffe nicht statt, mittlerweile als falsch erwiesen. So spricht Frey eine 1996 in Wien veröffentlichte Studie[10] an, aus der hervorgeht, dass „Mädchen/Frauen mit Behinderung noch häufiger als Jungen/Männer von sexualisierter Gewalt betroffen sind. Beide Gruppen sind häufiger betroffen als Mädchen/Frauen und Jungen/Männer ohne Behinderung" (Frey 2002, 106). Dabei liegt die Tatsache, dass Menschen mit geistiger Behinderung mehr gefährdet sind, nicht so sehr in Statistiken, sondern darin, dass sie von vornherein in einem größeren Abhängigkeitsverhältnis stehen, sich weniger verbal äußern können, körperliche Berührungen auch im Intimbereich aus Pflegesituationen als „normal" gewohnt sind, u.a. deshalb sexuelle Übergriffe nicht als solche einordnen können und dass aufgrund der Negierung ihrer Sexualität Menschen mit geistiger Behinderung Sexualaufklärung vorenthalten bleibt. „Leider wird nicht gesehen [...], dass Sexualerziehung als Gesamterziehung immer auch

---

[10] Titel der Studie: Weil das alles weh tut mit Gewalt – Sexuelle Ausbeutung von Mädchen und Frauen mit Behinderung

eine Stärkung der eigenen Persönlichkeit und somit eine notwendige Prävention gegen sexuellen Missbrauch darstellt" (Diehl 2002, 18), weil man dadurch „das Kind/den Jugendlichen dahingehend [stärkt], dass es/er versuchen kann sich mit seinen Mitteln zu wehren, sich selbst nicht die Schuld am Verhalten des Gegenübers zu geben und die Umwelt zu informieren" (ebd.)[11].

Abschließend möchte ich auf ein Vorurteil hinweisen, das mir während meiner Lektüre immer wieder begegnet ist. So liest man sowohl in aktuellerer als auch in älterer Literatur, Menschen mit geistiger Behinderung würde ein Ausleben ihrer Sexualität im Mittelbereich nach Sporken völlig genügen. Es wird meist davon ausgegangen, „daß sich das partnerschaftliche Interesse Geistigbehinderter eben nicht primär auf den Geschlechtsverkehr bezieht. Mit Freund und Freundin suchen Geistigbehinderte eher jemanden der zu ihnen gehört, der sich um sie kümmert, der ihnen Aufmerksamkeit schenkt, sie gern hat" (Walter 1980, 245). Abgesehen davon, dass sich auch das Interesse bei Menschen ohne Behinderung in Partnerschaften nicht *primär* auf den Geschlechtsakt bezieht, verspüren Menschen mit geistiger Behinderung genauso LUST und wollen ihre Genitalsexualität ausleben. Wenn sich Sexualität hauptsächlich im Mittelbereich abspielen sollte, so liegt das wohl daran, dass Menschen mit geistiger Behinderung oft von Kindheit an ein Defizit an echten zwischenmenschlichen Kontakten erfahren und diese dann so zu sagen in einer nicht professionalisierten, durch ein Arbeitsverhältnis bedingten Beziehung „nachholen" müssen[12]. Ich möchte hier einen Koitus um jeden Preis genauso wenig propagieren[13], wie ich abstreite, dass es Menschen (mit geistiger Behinderung) gibt, die der Genitalsexualität keinen oder einen sehr geringen Stellenwert zuschreiben, darum geht es nicht. Ich möchte vielmehr zeigen, dass grundsätzlich davon ausgegangen werden sollte dass Menschen mit geistiger Behinderung eine Genitalsexualität „besitzen" – auch im tatsächlichen Leben und nicht nur in einer theoretischen Abhandlung.

---

[11] vgl. auch Walter 1986, 248
[12] Im Hinblick auf Freuds Theorie der Zärtlichkeit als „zielgehemmte Sexualität", schreibt Maslow: „Wenn man uns verbietet, das Sexualziel des Beischlafs zu erreichen, und wenn wir darauf bestehen und es uns nicht einzugestehen wagen, dann heißt das Kompromißprodukt Zärtlichkeit und Zuwendung" (Maslow 1978, 270f).
[13] Diehl kritisiert die Ausflucht in eine Orgasmustherapie im Bezug auf Schüler mit einer schweren Behinderung: Wenn ihnen „per se neben der Krankengymnastik ein regelmäßiger Orgasmus als quasi medizinische Indikation verschrieben würde, bedeutete dies, daß ihre Abhängigkeit und Isolation damit nicht überwunden, sondern eher noch in einem weiteren Bereich manifestiert würde" (Diehl 1993, 129).

Letztendlich ist eine Diskussion über das Thema Sexualbegleitung nur dann wirklich möglich, wenn Sexualität in ihrer Vielfalt gesehen wird und wir den Menschen mit geistiger Behinderung als sexuelles Wesen, beginnend bei einer Anerkennung seines Mann- und Frauseins, akzeptieren. Ein Problem liegt dabei jedoch darin, dass man theoretisch eben „gerne [anerkennt], daß die Sexualität ein positiver Antrieb ist, der zur Vitalisierung des Lebens beiträgt und ein wichtiges Mittel zur Bedürfnisbefriedigung darstellt" (Diehl 1993, 120), in der Praxis fällt es aber schwer, Initiative zu ergreifen „und so bleiben viele rationale Äußerungen häufig nur Lippenbekenntnisse, die wir nicht wirklich in unserem Leben anwenden und auch im Bauch akzeptiert haben" (ebd.). Spricht man dem Menschen mit geistiger Behinderung seine Sexualität zu, so muss es darum gehen zu überlegen, welche Unterstützung er dabei braucht sie zu verwirklichen. Wobei es darum geht, zu begleiten, anzuleiten und zu erklären und qualifizierte Personen zu finden, die diese Begleitung auch auf Ebenen weiterführen, auf denen Eltern und Betreuer nicht selbstverständlich handeln wollen, können und sollen.

1.5 Menschen mit geistiger Behinderung über ihre Sexualität – ein Beispiel

Bevor ich zu den Ausführungen über die Sexualbegleitung bei Menschen mit geistiger Behinderung komme, möchte ich ein Projekt vorstellen, in dem sich Menschen mit geistiger Behinderung mit dem Thema Sexualität, Partnerschaft und Liebe auseinander setzten.

Menschen mit geistiger Behinderung haben Bedürfnisse, Gefühle und Wünsche. Sie haben Vorstellungen von ihrem Traumpartner und davon, wie sie ihr Leben mit ihm gestalten möchten. Die Theatergruppe der Mainfränkischen Werkstätten Würzburg hat in ihrem aktuellen Stück genau dies thematisiert. Mit ihren Vorstellungen, Wünschen, Träumen, Ängsten und Sorgen gehen die geistigbehinderten SchauspielerInnen an die Öffentlichkeit und stellen eindrucksvoll dar, mit wie vielen Vorurteilen unsere Gedanken über sie belastet sind.

Das Theater Augenblick, das einen eigenen „Produktionszweig" der Mainfränkischen Werkstätten Würzburg darstellt, produziert eigene Stücke. Die Ideen und Themen kommen von den SchauspielerInnen selbst. Sie werden in Monate langer Arbeit in Interviews, Rollenspielen und Gesprächen erarbeitet und dann, meist von den nichtbehinderten MitarbeiterInnen, zu einer Geschichte zusammengesetzt. Die Arbeitsbasis für die Aufführungen sind also keine fertigen Stücke, sondern Themen, die die SchauspielerInnen bewegen und die sie gerne auf der Bühne umsetzen möchten. Die Stücke leben von der intensiven Auseinandersetzung der SchauspielerInnen mit dem Thema des Stückes und vor allem davon, dass sie sich selbst intensiv einbringen.

Nach ihrer ersten Produktion „Traumgeschenke" (die 50 mal aufgeführt wurde), begann im November 2002 die Aufführung vom „AMOR-A". In der Vorbereitungszeit war deutlich geworden, dass das Thema Liebe und Partnerschaft unter den Nägeln brennt und so entstand das Stück AMOR-A:

„Warum verliebt man sich eigentlich?

Gibt es den Pfeil der Liebe?

Amora steht vor ihrer Abschlussprüfung. Sie soll den Traumpartner von Karoline finden. Aber wie muss er sein und wo kann sie ihn finden? Mit Pfeil und Bogen macht sich Amora mir ihrem kautzigen Papagei auf den Weg. Alles läuft zunächst nach Plan, bis ihr Papagei Paperlapapp alles vermasselt! Der Liebespfeil trifft die Falschen! Schafft sie es dennoch ihr Prüfungsziel zu erreichen, das Liebeschaos zu entwirren?

Eine gefühlvolle, lustige Liebesgeschichte!" (Theater Augenblick 2002a).

Eine Szene im Stück ist geprägt von den individuellen Vorstellungen der Schauspieler selbst, die sie von ihren TraumpartnerInnen haben. Die Textsequenzen entstanden in Interviews mit den SchauspielerInnen und spiegeln ein Bild davon, wie Menschen mit geistiger Behinderung ihre Sexualität leben möchten – nicht anders als Nichtbehinderte:

„Traumpartner – Traumpartnerin

Christian:[14]

Meine Traumpartnerin soll sportlich sein, sie soll mit mir Ausflüge machen – zum essen gehen – und beim Kerzenschein gemütlich einen Wein trinken!

Wenn ich angespannt bin soll sie mich verwöhnen und massieren. Auf jeden Fall soll sie wissen was Liebe ist.

Maria:

Mein Traumpartner soll Spaß verstehen – nicht zu dick sein – beweglich, musikalisch und romantisch sein – er soll gut aussehen und mit mir in einer sternenklaren Nacht spazieren gehen – er soll mich auf jeden Fall gerne mögen und mit mir seine Zeit verbringen.

Thorsten:

Meine Traumfrau, die muss Hand in Hand mit mir gehen. Sie soll mich zu ihrem Geburtstag einladen, das wäre toll. Mmmh heiraten wäre auch nicht schlecht.

Ich möchte auch nur eine – auf jeden Fall soll sie treu sein – ein bisschen Spaß verstehen – ein bisschen lachen können und ein bisschen was ´ab` können – sie darf nicht zimperlich sein.

Melanie:

Mein Traumpartner soll mir einen Ring schenken – schöne Augen und braune Haare haben – er soll mir bei der Arbeit helfen und sich um mich kümmern!

Er soll lieb und nett sein und für immer bei mir sein – er soll schmusen können und mit mir im Kerzenschein im Bett liegen können – auf jeden Fall – treu soll er sein.

Johanna:

Mein Traumpartner soll russisch können – er soll mit mir verheiratet sein – fleißig sein – naja er soll nur mich haben – Kinder?

---

[14] Die Namen wurden geändert.

naja muss nicht sein –

Aber tanzen und singen soll er können und lustig muss er sein, aber am wichtigsten ist mir, dass er treu ist- auf jeden Fall treu!!!

Robert:

Meine Traumpartnerin soll rote Haare haben – blaue Augen und sie soll dünn fit und treu sein.

Sie soll mit mir Fußball spielen – und – mit mir ein Baby bekommen – sie soll kein Typ sein – auf jeden Fall eine Frau.

Sie soll anders sein als ich – und sich keinen neuen Freund suchen – aber viel Zeit mit mir verbringen" (Theater Augenblick 2002b).

2 Sexualbegleitung[15]

„Viele beeinträchtigende Tabus rund um die Lebensenergie Sexualität sind verschwunden, gemildert oder gebrochen. Doch steht eine Zumutung **für die Gesellschaft** – und gerade für die Behindertenhilfe – noch aus: Eben das festgestellt Bessere nicht nur als Zukunftsvision zu erklären, sondern den Alltag mutig umzugestalten – hin zur Verwirklichung und Sicherung des Persönlichkeitsrechts auf Sexualität für Menschen mit einer Behinderung – und zwar alsbald" (Herrath zitiert nach Spastikerhilfe Berlin e.V. 2000, 1).

Sexualbegleitung als ein Teil dieser „Zukunftsvision" wird auch in Deutschland immer mehr zum Thema. Organisationen und Gruppen wie „Sexybilities" in Berlin, der Körperkontaktservice „Sensis" in Wiesbaden, der Arbeitskreis „Begleitung von Menschen mit Behinderung bei Sexualität und Partnerschaft" der Sexualberatungsstelle für Paarkonflikte und Sexualprobleme (SBS) in München, das Institut für Selbst-Bestimmung Behinderter (ISBB) in Trebel vermitteln (neben anderen Aufgabenfeldern) SexualbegleiterInnen an Menschen mit Behinderung oder selbstständige SexualbegleiterInnen bieten diesen Service selbst an.

Obwohl, wie Herrath oben schreibt, sich die Einstellung gegenüber Sexualität und auch die Einstellung gegenüber Menschen mit Behinderung geändert hat, so ist diese im Zuge der Normalisierung eigentlich erwartbare Dienstleistung im Bereich Sexualität, die Sexualbegleitung, in unserer Gesellschaft so zu sagen dreifach tabuisiert. Sie vereint drei Themen, über die es nicht immer leicht ist öffentlich zu diskutieren: Behinderung, Sexualität und Prostitution. Leicht passiert das, was oft der Fall ist, wenn Menschen mit Behinderung oder deren Stellvertreter Rechte einfordern, die für den Rest der Gesellschaft als „Normalität" gelten: man muss sich rechtfertigen und das Unverständnis ist oft aufgrund mangelnder Information und Auseinandersetzung mit dem Thema und heute auch immer mehr aus finanziellen Gründen groß.[16] Neben der Frage, was unter Sexualbeglei-

---

[15] In der Literatur findet sich sowohl die Bezeichnung Sexualassistenz als auch Sexualbegleitung. Versteht man „Assistenz" im herkömmlichen Sinn als „jemanden nach seinen Anforderungen und Wünschen zur Hand gehen" (nach Der Duden, 1967), so erscheint mir der Begriff Sexualassistenz nicht ganz passend. Sexualbegleitung geht für mich über dieses Verständnis hinaus, was wie ich meine das Wort „Begleitung" ausdrückt, weil es in gewissem Sinn auch das „jemandem etwas zeigen" bzw. jemanden durch Begleitung und Unterstützung „dahin zu bringen, wo er gerne hin will, aber nicht selber kann" und damit den Beziehungsaspekt mit einschließt.

[16] „Die tatsächliche Situation ist darüber hinaus durch die folgende Entwicklung gekennzeichnet: Sozialpolitik in den Anfängen stützte sich ganz wesentlich auf das christliche Gebot der Nächstenliebe. Hinzu trat in der historischen Entwicklung eine Dominanz soziologischer, psychologischer und pädagogischer Betrachtungsweisen, die die Gesellschaft wie den Einzelnen als

tung denn überhaupt zu verstehen ist, muss (deshalb) auch das Warum? und Wie? geklärt werden. Außerdem gilt es, Antworten auf auftretende Fragen etwa nach der Finanzierung oder den rechtlichen Möglichkeiten zu finden.

Versatzstücke von sozialen Erklärungs- und Betreuungsversuchen betrachteten. Inzwischen befinden wir uns in einer völlig anderen Situation: gesellschaftliches Handeln wird gegenwärtig fast ausschließlich unter ökonomischen Gesichtspunkten analysiert und bewertet" (Beauftragter d. Bundesregierung für Belange behinderter Menschen, 2002[2]).

2.1 Sexualbegleitung, was ist das?

„Die Erziehung von Menschen mit Behinderung ist immer in Gefahr,
mehr von den Befürchtungen und Ängsten derer bestimmt zu sein,
die für sie verantwortlich sind, als von den Wünschen und Bedürfnissen der Betroffenen selber"
(Ergebnis des Workshops 1 der Fachtagung TABU und ZuMUTung, Tagungsbericht, 22).

Wie oben schon erwähnt, hat sich die Situation für Menschen mit Behinderung gerade auch im Zuge der Normalisierung in erster Linie in den Sektoren Arbeit und Wohnen verändert, ja sogar im allgemeinen verbessert. Dem Ziel, ein „Leben so normal wie möglich" (vgl. Thimm 1992, 283) führen zu können sind die meisten Menschen mit Behinderung noch fern.

Obwohl Sexualität als „grundlegende Lebenskraft" (Feuser 1980, 205) erachtet wird und ihr Aus- und Erleben einen wesentlichen – eben „normalen" – Teil unseres Lebens schon von Kindheit an einnimmt, wurde bisher zumindest in der praktischen Umsetzung vergessen, dass auch Sexualität ein Bereich der Normalisierungsbestrebungen ist. Die Sexualität von Menschen mit geistiger Behinderung ist keine von sich aus andere, das muss auch in der Diskussion um die Sexualbegleitung beachtet werden. Die Lebenssituation von Menschen mit Behinderung, besonders von denen die in Wohneinrichtungen und Heimen leben, schafft aber andere Voraussetzungen und Diskussionsaspekte. Menschen mit geistiger Behinderung sind oft ihr Leben lang auf die Hilfe anderer angewiesen (vgl. Rödler 1993), so eben auch in ihrer Sexualität und in Fragen die Partnerschaft und Liebe betreffen. Bedenkt man dazu die gesellschaftspolitische Einstellung und die Tatsache, dass gerade die Haltung des Betreuungspersonals gegenüber ihrer eigenen Sexualität und der von anderen einen wesentlichen Einfluss auf die Möglichkeiten eines erfüllten Sexuallebens der BewohnerInnen hat, so wird deutlich, dass ein grundsätzliches Umdenken stattfinden muss.

„Alle – auch Personen mit Behinderungen – haben [...] ein Recht auf ein Sexualleben nach ihren eigenen Wünschen und Vorstellungen, selbstverständlich innerhalb der von der Gesellschaft abgesteckten Grenzen. Das Personal hat daher die Pflicht, den Wohnraum für Behinderte so einzurichten, daß ein Sexualleben möglich wird. Diese Tatsache beinhaltet des Weiteren, daß es Pflicht ist, Rahmenbedingungen und Verständnis für den Behinderten zu schaffen, die es möglich machen, daß er/sie sich sexuell entwickelt" (Buttenschøn zitiert nach Finke 2002). Genauso muss es darum gehen, die in unserer Gesellschaft akzeptierten und typischen Umgangsformen im zwischenmenschlichen Bereich kennen zu lernen. Im Vordergrund steht dabei, neben einer Aus- und Weiterbildung des Personals in Themengebieten der Sexualpädagogik, eine intensive Auseinandersetzung der Einrichtungen und Träger, der Eltern und Betreuer mit dem Thema Sexualität sowie die Umgestaltung von Wohnplätzen (sowohl baulich als auch konzeptionell), so dass Partnerschaften ermöglicht werden.

Greift man zurück auf die Definition von Sexualität nach Sporken, so kann man sagen, das Ausleben von Sexualität sollte in allen Bereichen möglich werden: angefangen beim Leben als Mann und Frau, der Beschäftigung mit der Geschlechterthematik, über die Möglichkeit Beziehungen und Freundschaften aufzubauen und zu pflegen (Stichwort Besuchsrecht!), bis hin zu intimen Kontakten – hetero- und homosexueller Natur – und damit der Auseinandersetzung mit Themen wie Verhütung, Schwangerschaft, Elternschaft, Masturbation und AIDS.

Allerdings ist die Arbeit mit der Umgestaltung der Situation nicht getan; Menschen mit Behinderung brauchen Unterstützung in allen Lebenslagen und so auch Sexualbegleitung – im wahrsten Sinne des Wortes.

Wie intensiv diese Begleitung gestaltet werden muss, welche Hilfe und Unterstützung ein Mensch mit Behinderung braucht, hängt von den individuellen Begleitumständen, von Art und schwere der Behinderung und der jeweiligen Lebenssituation ab, weshalb es sinnvoll ist, nach passiver und aktiver Sexualbegleitung zu unterscheiden (vgl. Commandeur/Krott 2001, 27).

2.1.1 Passive Sexualbegleitung

„Passive Hilfe bedeutet, konkrete Voraussetzungen für Sexualität zu schaffen [...] oder auch bezüglich sexueller Praktiken aufzuklären und zu beraten" (Commandeur/Krott 2001, 27). Voraussetzung hierbei ist eine Annahme des Menschen mit Behinderung auch als sexuelles Wesen und ein seinem Entwicklungsstand bzw. seinem Alter entsprechender Umgang. Müller verweist auf die große Bedeutung der „Pflege des äußeren und insbesondere auch des Mittelbereichs [...] bei der Betreuung von Erwachsenen mit geistiger Behinderung" und gibt gleichzeitig zu bedenken, dass es gerade die Handlungen und Hilfestellungen sind, die „nur in wenigen Fällen unter dem Gesichtspunkt der sexuellen Entwicklung betrachtet werden" und deshalb „im Alltag als mehrheitlich zweitrangig und vernachlässigt erscheinen" (Müller 2002, 17), die hier eine große Rolle spielen. Als Beispiele nennt er die Körperpflege, Rasur und Make up, eigene Wahl der Kleider und der

Zimmereinrichtung, das Schaffen zeitlicher Freiräume und von Privatsphäre, sowie die Unterstützung und Hinführung zur Äußerung von eigenen Bedürfnissen (vgl. ebd.). Neben diesen selbstverständlich und alltäglich erscheinenden Umgangsformen stellen sexualpädagogische Maßnahmen schon im Kindes- und Jugendalter, aber auch (in angemessenem Maße, ohne eine Pädagogisierung des Alltags zu erreichen) im Erwachsenenalter eine notwendige Basis für das Verstehen von Abläufen im eigenen Körper oder Erlebnissen in Beziehungen dar. Walter spricht neben dem „Recht auf Sexualpädagogik" auch von einem „Recht auf Sexualberatung". Diese Beratung geht fast zwingend über klassische Themen wie Verhütung hinaus. Da Menschen mit geistiger Behinderung z.B. über weniger Möglichkeiten selbstständiger Informationsverschaffung verfügen, gehört zur Beratung auch die Information über mögliche Hilfsmittel[17] und Information „zu so konkreten und pikanten Details wie frau/man denn das nun anstellt, miteinander Sex zu haben und dabei sogar noch Spaß zu empfinden" (Walter 2001a, 12). Viele alltägliche Handlungsabläufe müssen Menschen mit geistiger Behinderung mit Hilfe anderer und oft besonders aufgearbeitet lernen. Körperpflege und Handlungen im sexuellen Bereich bleiben da meist außen vor. „Sie lernen wie sie ein Messer neben einen Teller legen, wie sie sich ordentlich benehmen können, da gibt es endlos Programme und Bildkarten. Aber nicht eine Bildkarte zeigt, wie fasse ich mein Glied an, um zu onanieren. Oder für Frauen, wie kann ich Hilfsmittel benutzen um zu onanieren oder auch ohne" (Terrinde zitiert nach de Vries 2002d). Ebenso geht es bei passiver Sexualbegleitung um die Vermittlung von Prostituierten, Callboys oder SexualbegleiterInnen.

Hier wird der Übergang zum 3. Bereich nach Sporken, der Genitalsexualität und damit die Grenze zur aktiven Sexualbegleitung deutlich. Solange der Mensch mit geistiger Behinderung lediglich Fragen zu Themen wie Masturbation, Petting oder Geschlechtsverkehr hat, oder zum Beispiel Hilfestellung bei der Positionierung zum Geschlechtsverkehr braucht, scheinen sich keine Schwierigkeiten zu ergeben. „Schwieriger wird es in der Tat, wenn ich z.B. aktiv *Hand anlegen* soll, um einen behinderten Mann zu masturbieren, der dazu selbst nicht in der Lage ist, aber sich dringend danach sehnt" (Walter 2001a, 12, Herv. i. Orig.). Geht es um bloße Anleitung, also darum zu zeigen, wie man sich selbstbefriedigt ohne sich zu verletzen, oder darum „den Bewohnerinnen und Bewohnern die Selbstbefriedigung in würdiger Art und Weise zu ermöglichen (Privatsphäre zuzugestehen), bzw.

---

[17] Kessel gibt einen Überblick über Hilfsmittel und teilt sie dazu in vier Gruppen ein: 1) Medien, also Bücher, Videos, DVDs, Internet-Seiten und natürlich auch das Fernsehen; 2) Vibratoren, künstliche Vaginas, aufblasbare Puppen; 3) Gleitmittel und 4) Erektionshilfen (vgl. Kessel 2002, 66). Betrachtet man die Vielzahl, so wird schnell deutlich wie wichtig auch in diesem Bereich Fortbildungen oder Hilfe von außen sind.

die betreffende Person dazu anzuhalten dies an einem passenden Ort zu tun" (Müller 2002, 18) oder um die Demonstration von Hilfsmitteln, so kann ich mir gut vorstellen, dass diese Aufgabe vom Betreuungspersonal der Wohngruppe übernommen wird, solange es eben nicht um das tatsächliche „Hand anlegen" geht.

Es fällt schwer konkrete Grenzen zu ziehen, da immer bedacht werden muss, dass Anleitung im Bereich Sexualität eben nicht das gleiche ist, wie Hilfestellung beim Essen. Auch wenn beides Grundbedürfnisse sind, beide sinnliche Erfahrungen sein sollten, so ist Sexualität etwas weitaus intimeres und das in diesem Fall für beide Seiten.

2.1.2 Aktive Sexualbegleitung

Aus dem so eben Dargestellten ergibt sich, dass meinem Ermessen nach in den Bereich aktiver Sexualbegleitung alle Handlungen und Hilfestellung einzureihen sind, bei denen „Hand anlegen" nötig wird. Dies kann aber auf unterschiedliche Art nötig sein. Zum einen als rein „mechanische Anleitung" (so unpassend das Wort im Zusammenhang mit sinnlich erlebter Sexualität klingt), bei der es z.B. darum gehen kann die Handgriffe bei der Masturbation oder die Anwendung von Hilfsmitteln konkret mit der Person zu üben.

Zum andern Situationen in denen Sexualität sinnlich erlebt wird, in denen es nicht um das Wie geht, sondern um das tatsächliche Aus- und Erleben sinnlicher, erotischer, lustvoller Momente. Commandeur und Krott sprechen bei aktiver Hilfe von allen „Formen von Assistenz, bei denen man in eine sexuelle Situation handelnd einbezogen wird" (Commandeur/Krott 2001, 27) und schließen gleich an, dass „der Begriff 'sexuelle Situation' [...] Interpretationsspielraum" bietet (ebd.). In meinen Augen beinhaltet er eben genau die Komponente, die man mit dem Beziehungs- bzw. Kommunikationscharakter der menschlichen Sexualität beschreiben könnte, die man in „konkreten sexuellen Situationen" mit sich selbst oder einem Sexualpartner erlebt.

Wird es nötig mit einem Menschen mit geistiger Behinderung, die „Handgriffe" zum Masturbieren zu üben, oder ihm die Anwendung von Hilfsmitteln zu zeigen, so gibt es in der Diskussion darum Stimmen, die sich vorstellen können, dass diese Aufgabe auch von Betreuungspersonal der Wohngruppe übernommen wird, solange es eben um rein „mechanische" Anleitung geht. Eine andere Möglichkeit bestünde darin, solche Hilfe durch (fortgebildetes) Personal zu gewährleisten, das nicht auf der Gruppe der jeweiligen Person arbeitet, oder das allgemeine Anlaufstelle für alle Fragen und Bedürfnisse im Zusammenhang mit Sexualität ist. Problematisch hierbei ist immer die Tatsache, dass aufgrund der Gefahr sexueller Übergriffe, zum Schutz beider Seiten eine gewisse Teamöffentlichkeit nötig sein wird, auch wenn dies der Forderung nach Intim- und Privatsphäre widerspricht.[18] Hier wird wiederum deutlich, wie fließend der Übergang von passiver zu aktiver Sexualbegleitung ist, und wie wichtig Einzelfallentscheidungen und vor allem auch klare Richtlinien durch Konzeptionen in Einrichtungen sind.

Jedoch kann es nicht Aufgabe des Personals sein, intime, erotische Momente mit Bewohnern zu erleben[19]. Mittlerweile gibt es auch in Deutschland ausgebildete SexualbegleiterInnen, die immer mehr ihr Angebot für Menschen mit geistiger Behinderung öffnen. „SexualbegleiterInnen sind durch ihre Ausbildung sowohl mit der psychischen als auch medizinisch pflegerischen Seite des Lebens von behinderten Menschen vertraut. Sie entwickeln gemeinsam mit ihren Klienten eine Form des Körperkontaktes und der Sexualität die beiden Seiten entspricht und zum seelischen und körperlichen Wohlbefinden des behinderten Menschen führt" (Schuren 2002b). Dabei geht es nicht in erster Linie um Geschlechtsverkehr und Orgasmus. Viele Menschen mit Behinderung hatten noch nie die Möglichkeit Zärtlichkeiten auszutauschen, den nackten Körper einer Frau/eines Mannes zu betrachten, zu berühren, sich selbst und den eigenen Körper lustvoll und positiv zu erleben. Nina de Vries, selbstständige Sexualbegleiterin, beschreibt ihre Arbeit wie folgt: „In so einer Sitzung sind außer Massage auch Körperkontakt, Streicheln, Umarmen möglich. Geschlechtsverkehr und Oralkontakt biete ich nicht an. Auch ohne die letzten zwei Varianten ist ein intimes, erotisches Erlebnis möglich. Wenn sie es wünschen, bringe ich die Menschen mit meiner Hand zum Orgasmus. Ich strebe es an, jeden, der zu mir kommt so zu nehmen wie er ist und es so schön und bereichernd wie möglich zu machen für diese Person, immer acht gebend auf meine eigenen Grenzen. Für nicht wenige ist so eine Begegnung das erste Mal in ihrem Leben, dass sie körperlichen/sexuellen Kontakt mit einer Frau haben. Manche brauchen eine Art Unterrichtung darüber, wie man masturbieren kann. Es ist wichtig, klar zumachen, dass es ein Ort ist, Erfahrungen zu machen, die dann oft auch ein neues Selbstbewusstsein bewirken" (de Vries 2002b). Ob SexualbegleiterInnen Geschlechts- und Oralverkehr anbieten hängt in erster Linie von ihren persönlichen Grenzen ab.

---

[18] Vgl. AG Sexualität: „Es ist zwar sehr verständlich, wenn Bewohner es ablehnen, dass im gesamten Team über ihre sexuellen Aktivitäten gesprochen wird. Aber der potentielle Vorwurf und die reale Gefahr des sexuellen Missbrauchs sind zu groß, als dass es ausschließlich eine Sache der beiden Beteiligten bleiben kann. Zumindest sollte eine Teilöffentlichkeit hergestellt werden. Das berechtigte Interesse der Bewohner auf Schutz ihrer Intimsphäre muss insofern zurückstehen. Wir meinen aber, dass diese Notwendigkeit dem betreffenden Bewohner vermittelbar ist" (AG Sexualität 2000, 7).

[19] vgl. Kapitel 2.2 Wer sollte Hilfestellung leisten?

Aber auch für die Menschen mit geistiger Behinderung ist es wichtig, dass ihre Grenzen genauso erörtert und akzeptiert werden, denn „es geht um Assistenz als sexuelle Hilfestellung auf Anforderung und Betreiben des betrogenen behinderten Menschen und keineswegs um dessen Zwangsbeglückung womöglich zur eigenen Stimulierung" (Walter 2001a, 12). Das Zugeständnis der Asexualität in Bezug zu sexuellen Handlungen im Bereich Genitalsexualität, ist damit genauso wichtig, wie das Zugeständnis der Sexualität, denn nicht jeder Mensch verspürt das Bedürfnis sich sexuell zu betätigen „und wenn diese Einschätzung richtig ist, sollen sie [die Menschen mit Behinderung; M.K.] natürlich auch in Ruhe leben, so wie sie selbst Lust haben. Dennoch ist es wichtig, die Verhältnisse immer sehr gründlich zu untersuchen. Viele dieser Gruppe verstehen ihr sexuelles Bedürfnis nicht unmittelbar – und wenn dann hinzukommt, daß ein sexuelles Bedürfnis auch gar nicht von ihnen erwartet wird, werden sie oft mit einem Verhalten reagieren, das nicht unmittelbar als ein sexuelles interpretiert wird. Schaut man genauer hin, wird man mitunter feststellen können, daß sich hinter Signalen, Gesten und Verhalten dennoch ein großes Sexualbedürfnis versteckt. Dieses ist bloß auf eine falsche oder andere Art und Weise kanalisiert, so daß es als Aggressivität, Gewalt oder selbstschädigende Verhaltensweise auftritt. Es ist wichtig, daß wir genau hinsehen" (Buttenschøn zitiert nach Finke 2002). In diesem Zusammenhang berichtet auch Nina de Vries: „Die meisten geistig behinderten Männer, die zu mir kommen, haben auf sich aufmerksam gemacht durch Wut oder Aggression oder durch unerträglich gewordene Anhänglichkeit. Es passiert selten, dass es zu einer Sitzung ´nur` im Sinne von Bereicherung oder neue Erfahrungsmöglichkeiten kommt" (de Vries 2002e, 2).

Schwierigkeiten in der Praxis ergeben sich oft aus der Tatsache, dass die Grenzen zwischen aktiver und passiver Begleitung meist fließend sind. Auch deshalb ist eine intensive Auseinandersetzung mit dem Thema Sexualität von Seiten des Betreuungspersonals Voraussetzung, besonders auch eine Reflexion über die eigene Sexualität. „Von sexualpädagogisch aus- und fortgebildeten Mitarbeiterinnen und Mitarbeitern kann [...] erwartet werden, dass sie sich mit der eigenen sexuellen Sozialisation und Sexualbiographie auseinander gesetzt haben und deshalb auch in der Lage sind, sowohl eigene Grenzen zu erkennen, als auch die erforderliche professionelle Distanz in der Sexualassistenz zu wahren" (Walter 2001a, 12). Das heißt dann konkret: jedeR muss letztendlich für sich entscheiden, wo aktive Sexualbegleitung beginnt und dabei auch auf den Wunsch des jeweiligen Menschen mit Behinderung achten. „Professionelle Sexualassistenz bedeutet umgekehrt keineswegs Willfährigkeit. Sie erlaubt durchaus die offene Äußerung der Ablehnung, wenn ich bestimmte Wünsche nicht realisieren kann oder will" (ebd., 12f). Für

MitarbeiterInnen in Heimen erscheint eine Legitimation ihres Handelns aufgrund einer Konzeption weitaus sinnvoller, so werden sich auch Einrichtungen mit der Problematik auseinandersetzen müssen, wo aktive Sexualbegleitung beginnt, was im Blick auf die BewohnerInnen und das Betreuungspersonal stattfinden sollte.

So können die Grenzen des Übergangs bedingt sein durch Voraussetzungen von Seiten des Betreuungspersonals (z.B. aufgrund moralischer Konflikte), der Konzeption der Einrichtung, allgemeinen strukturellen Gegebenheiten und schließlich auch der gesetzlich festgelegten rechtlichen Lage.

Besonders deutlich wird die Schwierigkeit der Abgrenzung, wenn es um Hilfestellung oder Begleitung im dritten Bereich nach Sporken und besonders dann, wenn es um „Hand anlegen" geht stellt sich die Frage, wer Sexualbegleitung leisten sollte.

Anmerkung: Wenn ich im Folgenden von „Sexualbegleitung" spreche, so ist damit aktive Sexualbegleitung gemeint, solange nichts anderes ausdrücklich erwähnt wird.

2.2 Wer sollte Hilfestellung leisten?

Wird bei einem Menschen mit geistiger Behinderung, gerade bei den Menschen die in vielen Bereichen ihres Lebens auf intensive Hilfe angewiesen sind, der Wunsch nach sexueller Befriedigung, nach körperlicher Nähe und intimem Kontakt deutlich, so taucht die Frage auf, wer konkrete – aktive – Sexualbegleitung leisten darf oder soll.

Hier sind die Meinungen verschieden. „In Holland[20] war es auch Mitarbeiterinnen erlaubt, sexuelle Hilfestellungen zu geben" (de Vries, Podiumsdiskussion 2002, 26), diese Entscheidung wurde aber wieder rückgängig gemacht und die konkrete Hilfe wieder allein von speziell ausgebildeten Personen übernommen. Buttenschøn gibt Einblick in das dänische Modell, das sich von anderen Modellen vor allem darin unterscheidet, dass die Betreuer *verpflichtet* sind, sich mit der Sexualität jedes Menschen mit Behinderung in der jeweiligen Einrichtung auseinander zu setzen. Auch aktive Sexualbegleitung ist in gewissem Maße erlaubt: „Kurz gesagt darf man, wenn besondere Vorkehrungen getroffen worden sind, dem Behinderten die Masturbation beibringen, zwei Behinderten – sofern sie es wünschen – beim Geschlechtsverkehr helfen, und schließlich ist es aufgrund der Beratung zugelassen, Kontakt zwischen einem Behinderten und einer Prostituierten herzustellen. Es gibt jedoch zwei entscheidende Begrenzungen: Ein Mitarbeiter kann aus ethischen Gründen darum bitten, von der Teilnahme an einer solchen aktiven Sexualerziehung freigestellt zu werden, aber der Betreffende kann nicht freigestellt werden von der Teilnahme an der Erörterung darüber, wie man dem Behinderten am besten helfen kann. Jedes Personalmitglied ist deswegen dazu verpflichtet, das Recht des Behinderten auf seine Form der Sexualität zu akzeptieren. Die zweite Begrenzung liegt darin, daß es niemals sexuelle Beziehungen zwischen Angestellten und BewohnerInnen (einer Einrichtung) geben darf. Es geht ausschließlich um die sexuellen Bedürfnisse des/der Behinderten, und es ist Aufgabe der MitarbeiterInnen zu helfen – nicht, ihre eigenen Bedürfnisse zu befriedigen" (Buttenschøn zitiert nach Finke 2002). Hier wird der Vorteil im dänischen Modell deutlich. Durch die festgeschriebene Pflicht der Auseinandersetzung mit Sexualität einerseits, dem Eingeständnis an die BetreuerInnen, Hilfe von Außen holen zu können andererseits, ist festgehalten, dass Sexualität eine Rolle spielen muss, dass das Ausleben der Sexualität aber spezieller Begleitung bedarf, die auch gewährt werden soll.

---

[20] Anzufügen wäre hier, dass in den Niederlanden und Dänemark ein wesentlich anderes Sozialsystem zugrunde liegt und die Bemühungen um Normalisierung einen anderen Standpunkt erreicht haben als hier in Deutschland.

Neben der Tatsache, dass es gegen die Menschenwürde und das Gesetz verstößt, einen Menschen zu sexuellen Handlungen zu zwingen – auch und gerade in einem Betreuungsverhältnis – gibt es andere Gründe, die gegen eine Ausübung der aktiven Sexualbegleitung durch Betreuungspersonal (oder Eltern) sprechen. Dass es durchaus Bereiche in der aktiven Sexualbegleitung geben kann, die von BetreuerInnen übernommen werden können, steht immer wieder zur Debatte (vgl. oben), letztendlich liegt die Entscheidung für solche „technischen" Hilfeleistung im Ermessen des Betreuers, der Betreuerin und ist abhängig von der Konzeption des Heimes.

Aktive Hilfe von Seiten der Betreuer ist aber in jedem Fall problematisch. Abgesehen von der gesetzlichen Grauzone, in die sich die Betreuer bringen „ereignet sich [aktive Sexualbegleitung durch BetreuerInnen; M.K.] innerhalb eines faktisch bestehenden Abhängigkeitsverhältnisses und nicht allgemein abstrakt – sondern konkret persönlich, [...] zwangsläufig ist jedes Abhängigkeitsverhältnis auch ein Machtverhältnis" (AG Sexualität 2000, 7). So sollte den Menschen mit geistiger Behinderung ermöglicht werden, intime Momente mit Menschen zu erleben, von denen sie nicht (auch) in anderen Lebensbereichen abhängig sind.

„Sexualität sollte freie Entfaltung von Wünschen und Phantasien sein können. Das ist nicht möglich, wenn ich von der gleichen Person mit professioneller Distanz bei vielfältigen Verrichtungen des Alltags in hohem Maße abhängig bin" (Sandfort 2002b, 109). So wäre es undenkbar, dass ein Betreuer, der gerade in einen Konflikt mit einer Bewohnerin verwickelt war anschließend mit ihr ein paar schöne, erotische, liebevolle Stunden verbringt um ihr das Ausleben ihrer Sexualität nach ihren Wünschen zu ermöglichen. Sandfort beschreibt eine ähnliche Situation und weist auf die problematische „Vermischung der pädagogischen Rollen beim Personal" hin: „Soll die Person, die gerade dem oder der behinderten HeimbewohnerIn den Orgasmus verabreichte, ihm gleich danach die Medikamente geben, das Zimmer aufräumen oder den nächsten Ferienaufenthalt organisieren – als wäre nichts geschehen?" Sexualität „ist – und sei es nur für eine Stunde – nicht nur körperliche, sondern auch seelische Begegnung in sehr sensiblen, verletzbaren Momenten" (ebd.).

Emotionalität spielt hierbei eine große Rolle und ist für das Erleben befriedigender Sexualität unumgänglich, gerade wenn man von einem weiten Sexualitätsbegriff ausgeht. Auch in der herkömmlichen Prostitution existiert das Problem des Sich Verliebens. „Es kommt vor, dass sich ein Klient in mich verliebt. Übrigens nicht nur bei behinderten Männern, sondern auch bei nichtbehinderten" (Carla S., Sexualbegleiterin, in: Achilles 2002); (vgl. auch Vernaldi 2002b, 10). Sexualbegleitung bleibt im Bezug auf Partnerschaft Surrogat. Wie soll es aber möglich sein eine klare Abgrenzung zu Partnerschaft und Liebe zu schaffen, wenn der/die BetreuerIn Sexualbegleitung leistet und anschließend auf der Gruppe, im Wohnheim weiterarbeitet, Freizeitaktivitäten und die Organisation anderer Lebensbereiche zusammen mit der betreffenden Person plant und auch hier in einer emotionalen (wenn auch professionellen) Beziehung zu ihr steht. SexualbegleiterInnen hingegen kommen zu einem vereinbarten Termin, sind eine abgesprochene Zeitspanne lang anwesend und werden anschließend für den Dienst bezahlt, haben weiterhin aber keine Verbindung zum Klienten. Um Klarheit zu schaffen, muss hier eine Trennung der Aufgabenbereiche vorgenommen werden. Hiermit soll nicht vergessen werden dass es dennoch Aufgabe der Betreuer ist, sich der sexuellen Entwicklung und der sexuellen Wünsche der Menschen mit Behinderung anzunehmen, es ist jedoch nicht ihre Aufgabe, Menschen mit geistiger Behinderung so zu betreuen, wie es SexualbegleiterInnen machen. „In ihrem Beruf brauchen Mitarbeiterinnen und Mitarbeiter eine gewisse emotionale Distanz, denn sie sollen ihre Dienste allen Männern und Frauen in der Institution gleichermaßen geben können. Unterscheidende Sympathie darf keine Rolle spielen. Beim Sex werden Sympathie und Antipathie aber unausweichlich entstehen" (ebd., 110) und es wird BetreuerInnen nur schwer möglich sein, Sexualbegleitung allen BewohnerInnen gleichermaßen zukommen zu lassen[21]. Emotionale Distanz im Zusammenhang mit Sexualbegleitung bedeutet eben nicht, dass Emotionen außen vor gelassen werden dürfen.

Das Ausleben der Sexualität könnte bei einer Ausübung der Sexualbegleitung durch Betreuungspersonal zu einem „Tagespunkt" verkommen, so wie es auch Pflegesituationen, Freizeitaktivitäten und das Einnehmen der Mahlzeiten sind. Lust und Laune spielen gerade im Alltag von HeimbewohnerInnen eine untergeordnete Rolle. Sandfort stellt sich eine Situation der Sexualbegleitung, die Teil eines Tagesablaufs geworden ist wie folgt vor: „Man redet ein bisschen und – ganz ernst – auch über Lust und wichst so ganz nebenbei zum Orgasmus. Masturbation ist das nicht, da die an sich die sexuelle Begegnung mit sich selbst und durch sich selber meint" (Sandfort 2002b, 108). Die Rolle des Personals als SexualbegleiterIn scheint auch in Bezug auf die empfundene Lust problematisch zu sein. Sexualität lebt von der Lust, die von beiden Sexualpartnern empfunden wird und es geht dabei um Aktivität von beiden Seiten. Für viele liegt die Grenze zum sexuellen Missbrauch aber dort, wo das Betreuungspersonal selbst Lust verspürt. Situationen, die bei Sexualbegleitung entstehen, haben nicht den Sinn, dass es um einseitige, mechanische

---

[21] Denkt man an die Tatsache, dass in den meisten Pflegesituationen Handschuhe beim Körperkontakt benutzt werden, so wird die Schwierigkeit der Sexualbegleitung mit ALLEN BewohnerInnen noch mehr deutlich.

Lustbefriedigung geht. Dafür ist Lust auf beiden Seiten nötig. „Das handanlegende Personal darf [aber, aus der Sicht von Außenstehenden; M.K.] [...] keine Lust empfinden. Empfinden sie Lust, verwischen die Grenzen zum Missbrauch in den Einrichtungen" (ebd.). Einem Betreuer, der aktive Sexualbegleitung leistet, muss nicht von vorne herein die Tatsache sexueller Übergriffe unterstellt werden, man geht aber davon aus, dass Missbrauchssituationen in Heimen viel öfter der Fall sind als bekannt wird und gerade Menschen mit geistiger Behinderung brauchen hier besonderen Schutz und hellhörige BetreuerInnen. Zum anderen begibt sich ein Mitarbeiter, der „Hand anlegt" auch rechtlich auf Glatteis, wenn die Grenzen zum Missbrauch nicht deutlich genug sind. § 174c StGB regelt den Sexuellen Missbrauch unter Ausnutzung eines Beratungs-, Behandlungs- oder Betreuungsverhältnisses: „(1) Wer sexuelle Handlungen an einer Person, die ihm wegen einer geistigen oder seelischen Krankheit oder Behinderung einschließlich einer Suchtkrankheit zur Beratung, Behandlung oder Betreuung anvertraut ist, unter Mißbrauch des Beratungs-, Behandlungs- oder Betreuungsverhältnisses vornimmt oder an sich von ihr vornehmen läßt, wird mit Freiheitsstrafe bis zu fünf Jahren oder mit Geldstrafe bestraft". Abs. 3 stellt den Versuch dazu unter Strafe. Hier gilt es also beide Seiten zu schützen. Wird Sexualbegleitung also von MitarbeiterInnen gewährt, so muss das unter weitest möglicher Teamöffentlichkeit geschehen (vgl. AG Sexualität 2000, 7; Greb 2000, 10; Commandeur/Krott 2001, 28).

Sexualbegleitung durch ausgebildete SexualbegleiterInnen wirft viele dieser Probleme nicht auf, jedoch wäre es auch eine Möglichkeit, den Menschen mit Behinderung, wenn es ihr Wunsch ist, einen Bordellbesuch zu ermöglichen.

Von gesetzlicher Seite her gilt Prostitution seit 01.01.2002 nicht mehr als sittenwidrig (vgl. Prostitutionsgesetz), somit bestehen mittlerweile eigentlich keine rechtlichen Barrieren mehr. Sandfort fasst die Argumente, die für Sexualbegleitung durch ausgebildete Personen sprechen zusammen: „Begleiterinnen und Begleiter sind nicht in andere Abhängigkeitsverhältnisse verwickelt. Sie können mit begrenzter und bezahlter Nähe umgehen. Auf ihre Verschwiegenheit ist Verlass. Ihre Dienste können alle HeimbewohnerInnen gleichermaßen erhalten. Der Kontakt zu ihnen kann aufgelöst werden, wann immer der oder die Behinderte es möchte. Es gibt keine Verquickung mit dem Heimträger als Dienstvorgesetzter der SexualbegleiterInnen" (Sandfort 2002b, 110f).

Wenn klar ist, dass aktive Begleitung von Außen kommt, so darf das kein Alibi für fehlende passive Begleitung sein. Im Heim, in der elterlichen Wohnung muss es Räume geben in denen intime Begegnungen geschützt und ohne „Öffentlichkeit" stattfinden können. Menschen mit geistiger Behinderung brauchen evtl. auch in der Vor- und Nachbereitung solcher Treffen Unterstützung und sie brauchen auch die Möglichkeit solche Treffen selbstständig zu organisieren und letztendlich müssten „für eine Sexualhilfe, die diesen Namen verdient, [...] für die, die sie in Anspruch nehmen, mehrere Sexualbegleiterinnen und -begleiter zur Wahl stehen. Sexualhilfe kann nicht wie Physiotherapie angeboten werden, wo es letztlich egal ist, ob heute Frau Müller oder Herr Barth zum Üben kommen" (Vernaldi 2002b, 9). Immer muss bewusst bleiben, dass „Eltern und Mitarbeiter, [...] [sowie] Institutionen den Rahmen ab[stecken], wie weit und vor allem welche Lebensqualität sich entwickeln und entfalten kann oder eben eingeschränkt und verhindert wird. [...] Eltern und Mitarbeiter definieren, wie weit Menschen sich wohlfühlen und zufrieden sein dürfen, ob sie überhaupt so etwas wie Glück, Geborgenheit, Bejahung ihrer Wünsche, Zärtlichkeit empfinden können" (Walter 1986, 20).

Nicht nur die Ermöglichung sexueller Begegnung sondern auch deren Vertretung nach Außen, gegenüber den Eltern oder gesetzlichen Betreuern ist Teil der Aufgabe, die BetreuerInnen mit passiver Sexualbegleitung übernehmen müssen. Das ist nicht immer leicht, denn das Unverständnis ist meist groß und viele Fragen müssen neben der grundsätzlichen Akzeptanz der Sexualität von Menschen mit geistiger Behinderung geklärt werde.

2.3 Thesen zur Sexualbegleitung

Aktive Sexualbegleitung hat ein weitaus höheres Diskussionspotential als passive Sexualbegleitung, was neben der Tatsache, dass Diskussionen über Sexualität ohnehin schwierig und im Bereich Behinderung noch mehr tabuisiert sind, wohl auch in der Tatsache begründet ist, dass aktive Sexualbegleitung durch heimexterne Institutionen und Personen angeboten wird und somit automatisch mehr nach außen geht.

Im Folgenden sollen einige Diskussionsaspekte aufgezeigt und in Thesen beantwortet werden.

2.3.1 These 1: Passive und aktive Sexualbegleitung sind logischer Teil der Normalisierung

„Mitbürgerinnen und Mitbürger mit geistigen, körperlichen oder psychischen Beeinträchtigungen sollen ein Leben führen können, das dem ihrer nichtbeeinträchtigten Mitbürgerinnen/Mitbürgern entspricht. (In aller Kürze: 'ein Leben so normal wie möglich')" (Thimm 1992, 283). So wird das Normalisierungsprinzip so zu sagen auf den Punkt gebracht, aber was bedeutet das im Konkreten? Sexualität als Teil eines „normalen" Lebens wurde bisher bei Normalisierungsbestrebungen meist vergessen, obwohl sie in Grundlagentexten angesprochen wird. So fordert Nirje für Menschen mit geistiger Behinderung „normale Erfahrungen im Ablauf des Lebenszyklus, normalen Respekt vor dem Individuum und dessen Recht auf Selbstbestimmung, normale sexuelle Lebensmuster ihrer Kultur, normale ökonomische Lebensmuster und Rechte im Rahmen gesellschaftlicher Gegebenheiten" (Nirje 1994, 13). Und auch Bank-Mikkelsen postuliert „Möglichkeiten [...] von Partnerschaft und sozialen Bindungen für behinderte Menschen" (Bank-Mikkelsen zitiert nach Beck 2001, 83).

Im Anschluss an Nirje stellt sich die Frage, wie „normale sexuelle Lebensmuster" in unserer Kultur gestaltet sind. Das Ausleben der individuellen Sexualität war lange Zeit moralisch nur unter dem „Schutzmantel" der Ehe anerkannt, hier hat sich eine Liberalisierung vollzogen. Auch homosexuelle Beziehungen erfahren immer weniger Diskriminierung. Ob man Sex hat oder nicht ist nicht (mehr) davon abhängig ob man in einer festen Beziehung lebt, Sexualpartnerschaften sind nicht gleich Lebenspartnerschaften, obwohl die meisten Menschen in einer festen Partnerschaft leben oder verheiratet sind. Wer keinen Partner (im Sinne eines Sexualpartners/einer Sexualpartnerin) hat, lebt enthaltsam, befriedigt seine sexuellen Bedürfnisse selbst oder nimmt das Angebot sexueller Dienstleistungen durch Prostituierte oder Callboys wahr.

Genau diese Möglichkeiten sollten Männern und Frauen mit Behinderung ebenso zugestanden und eröffnet werden. Angefangen bei der Ermöglichung von Partnerschaften bis hin zum Besuch im Bordell.[22] Wie oben schon erwähnt sind aber viele Menschen mit geistiger Behinderung auf Begleitung, Unterstützung und Hilfe auch im Bereich Sexualität angewiesen. So wird passive und aktive Sexualbegleitung eben dann nötig, wenn es einem Menschen nicht möglich ist, Sexualität auszuleben oder zu erfahren. Letztendlich ist auch das Teil des Normalisierungsprinzips, das dafür plädiert, „dass die Entscheidungen, Wünsche und Hoffnungen geistig behinderter Menschen sowie deren Selbstbestimmung nicht nur respektiert, sondern auch akzeptiert werden" (Nierje 1994, 22). „Auf individueller Ebene misst sich ein 'normaler Umgang' an der Respektierung des Individuums (Subjekt- und Bedürfnisorientierung)" (Beck 2001, 83).

Somit ist Sexualbegleitung als ein Weg, Sexualität möglichst „normal" leben zu können, logischer Teil des Normalisierungsprinzips.

2.3.2 These 2: Sexualbegleitung erfordert ein grundsätzliches Umdenken, braucht „Vorarbeit" und ersetzt nicht passive Sexualbegleitung

Aktive Sexualbegleitung als Dienstleistung die den dritten Bereich nach Sporken anspricht, braucht eine Grundlage von Seiten der Institution, die sich mit dem Thema Sexualität auch in ihrer Konzeption beschäftigen sollte. Diese Grundlage liegt wie oben erwähnt in Fortbildungen für MitarbeiterInnen und in räumlichen Gegebenheiten begründet. Wacker spricht die oben schon erwähnte Schwierigkeit an, dass Menschen mit Behinderung von Seiten des Personals nicht zugetraut wird, dass sie „ihre Bedürfnisse nach Privatheit, Intimität und sexuellen Beziehungen" (Wacker 1999, 242) befriedigen wollen und ihre Wohnräume „eher als öffentlicher Raum" (ebd.) angesehen werden und eben nicht als Privatbereich (vgl. auch Buttenschøn zitiert nach Finke 2002). So braucht aktive Sexualbegleitung nicht nur ein Umdenken, sondern auch eine „Vorarbeit", die zum einen Räume schaffen muss, in denen sexuelle Kontakte möglich sind, zum anderen aber

---

[22] Ein Gegenargument ergibt sich oft aus der finanziellen Situation von Menschen mit geistiger Behinderung, die es ihnen nicht erlaubt größere Ausgaben zu tätigen. Hierzu sei an dieser Stelle nur kurz erwähnt, dass sich auch nicht jeder Nichtbehinderte einen Besuch bei einer Prostituierten leisten kann und dass dieses Problem letztendlich aus dem Lohnsystem der WfbM resultiert, das reformbedürftig ist.

auch Einstellungen und Verhaltensweisen verändern muss. In einigen Wohneinrichtungen haben sich Arbeitskreise zum Thema Partnerschaft und Sexualität gebildet, manche arbeiten zusammen mit BewohnerInnen, andere dienen dem Austausch und der Konzepterstellung unter BetreuerInnen.[23] Unabdingbar ist auch eine „Vorarbeit" im Sinne der passiven Sexualbegleitung. „Die Pflege des äußeren und auch des mittleren Bereiches hat bei der Betreuung von Erwachsenen mit geistiger Behinderung eine große Bedeutung und muss als erstes gewährleistet sein" (Müller 2002, 17). Dieses Zitat weist auch darauf hin, dass die Gewährung aktiver Sexualbegleitung in keinem Fall als Alibilösung für Einrichtungen oder Eltern gesehen werden darf. Aktive Sexualbegleitung ersetzt nicht passive Sexualbegleitung und entbindet nicht von den Pflichten, die mit dem Ermöglichen einer positiv gelebten Sexualität zusammenhängen.

2.3.3 These 3: Menschen mit geistiger Behinderung brauchen kein besonderes Sexualbegleitungs-Konzept.

Wenn es um Sexualbegleitung von Menschen mit geistiger Behinderung geht, so taucht die Frage auf: „Brauchen Menschen mit einer geistigen Behinderung ein anderes Sexualassistenz-Konzept als Menschen mit einer körperlichen Behinderung?" (Achilles 2003, 24). Es scheint, dass das Thema Sexualbegleitung für Menschen mit geistiger Behinderung ein anderes ist, als bei Menschen mit körperlichen Behinderungen. Achilles bejaht obige Frage und führt neben dem besonderen Schutz, den Menschen mit geistiger Behinderung vor sexuellen Übergriffen benötigten auch die Schwierigkeiten in der Kooperation mit Eltern und gesetzlichen Betreuern an, bei denen letztlich die Entscheidung einer Zustimmung oder Ablehnung (aktiver) Sexualbegleitung liege (vgl. ebd.). Zum letzten Punkt möchte ich hier nur kurz anfügen, dass Menschen mit Behinderung tatsächlich in Abhängigkeitsverhältnissen leben, letztendlich sollte aber jede Entscheidung so weit wie möglich zusammen mit dem Betroffenen und nach dessen Willen und zu seinem Wohl

---

[23] Beispielhaft sei hier die Beschreibung des „Arbeitskreises Partnerschaft und Sexualität" einer anthroposophischen Dorfgemeinschaft in Brettachhöhe angeführt: „Es ging zuerst einmal um das Erkennen und Wahrnehmen der Situationen, dem bisherigen und dem möglichen zukünftigen Umgang damit. Es geht immer wieder darum, die wirklichen Bedürfnisse der Bewohner zu erkennen und sie entsprechend zu beraten. Wir dürfen weder Bestehendes verdrängen, noch sollten wir ihnen unsere eigenen Vorstellungen überstülpen. Nicht jedes Paar sucht Sexualität, um sich der Zuneigung des anderen sicher zu sein, nicht jedes Paar braucht eine eigene Wohnung. Aber wer den Wunsch danach hat, soll Begleitung und Unterstützung bei der Verwirklichung dieses Wunsches haben können" (Lampart 2003, 21).

entschieden werden, was mittlerweile sogar im Betreuungsgesetz[24] verankert ist. An anderer Stelle beschreibt Achilles die Qualitäten einer guten Sexualbegleiterin, eines guten Sexualbegleiters wie folgt: „Sie müssen Profis sein, und bereit, sich z.b. in der Pflege schulen zu lassen, damit sie mit den verschiedenen Behinderungen umgehen können. Sie müssen sich Zeit nehmen für Supervision, denn ohne fachliches Feedback geht es nicht. Sie müssen ein besonders gutes Einfühlungsvermögen haben, denn sie werden es nicht mit Allerwelts-Kunden und -Kundinnen zu tun haben, sondern mit Menschen, die zum Teil das erste Mal Sexualität erleben. [...] Sie müssen gute Arbeit leisten, sie dürfen aber nicht zu teuer sein, denn sonst kann sich ein Mensch mit Behinderung diese Begegnung der besonderen Art nicht leisten" (Achilles 2003, 249). Für mich ergibt sich daraus die Frage, ob Menschen mit körperlichen Behinderungen oder psychisch kranke Menschen nicht eben diese Bedürfnisse genauso haben: auch sie haben berechtigten Anspruch auf gute Arbeit, auf Einfühlungsvermögen und auf bezahlbare Leistungen und eben auch auf eine Begegnung, die sexuelle Übergriffe ausschließt und nicht jeder Mensch mit Körperbehinderung hat die Möglichkeit, solche Qualität selbst sicher zu stellen. Deshalb möchte ich sagen, dass Menschen mit geistiger Behinderung kein anderes Konzept brauchen als etwa Menschen mit Körperbehinderungen. In der konkreten Begegnung werden andere Schwerpunkte im Vordergrund stehen, aber die Grundvoraussetzung muss die gleiche sein und ist die gleiche: eine Möglichkeit menschenwürdig, sinnlich und lustvoll die eigene individuelle Sexualität erfahren und ausleben zu dürfen. Vernaldi weist auf einen negativen Aspekt der Sexualbegleitung hin, da „der Hauptgrund der dafür spricht, [...] zugleich auch dagegen [spricht]. Mit Sexualbegleitern eigens für Behinderte würde ein weiteres Feld der Sonderbehandlung eröffnet" (Vernaldi zitiert nach Turber 2003, 30). Besondere Bedürfnisse erfordern besondere Maßnahmen, nur sollten diese eben nicht zur Aussonderung führen. Menschen mit geistiger Behinderung brauchen deshalb kein besonderes Sexualbegleitungs-Konzept. Ein solches Konzept sollte es *allen* Menschen mit Behinderung ermöglichen, ihre Sexualität entspannt, sicher, lustvoll, würdevoll und individuell zu leben.

---

[24] § 1901 BGB Führung der Betreuung: „(1) Der Betreuer hat die Angelegenheiten des Betreuten so zu besorgen, wie es dessen Wohl entspricht. Zum Wohl des Betreuten gehört auch die Möglichkeit, im Rahmen seiner Fähigkeiten sein Leben nach seinen eigenen Wünschen und Vorstellungen zu gestalten. (2) Der Betreuer hat Wünschen des Betreuten zu entsprechen, soweit dies dessen Wohl nicht zuwiderläuft und dem Betreuer zuzumuten ist. Dies gilt auch für Wünsche, die der Betreute vor der Bestellung des Betreuers geäußert hat, es sei denn, dass er an diesen Wünschen erkennbar nicht festhalten will. Ehe der Betreuer wichtige Angelegenheiten erledigt, bespricht er sie mit dem Betreuten, sofern dies dessen Wohl nicht zuwiderläuft."

2.3.4 These 4: Aktive Sexualbegleitung ist Surrogat[25] im Hinblick auf Partnerschaft

„Sexualhilfe ist zunächst einmal Surrogat. Sie kann sexuelle Bedürfnisse auf organisch-hormoneller Ebene befriedigen. Und natürlich kann auch die personale Ebene unter den Maßgaben käuflichen Sexes meist befriedigend gestaltet werden. Das Erleben einer Liebe, einer Beziehung kann sie nicht ersetzen. Aber sie kann dazu dienen, den Prozess der lustvollen Annahme der eigenen Leiblichkeit, der Wertschätzung der eigenen Sexualität zu unterstützen" (Vernaldi 2002b, 10). Vernaldi spricht hier die Tatsache an, dass Sexualbegleitung letztendlich keine Partnerschaft ersetzen kann und auch den Wunsch nach einer solchen nicht befriedigt. Das ist logisch, denn dazu dient diese Dienstleistung auch nicht. Sexualbegleitung dient Menschen mit Behinderung die Schwierigkeiten haben ihre Sexualität zu leben, sei es aufgrund innerer oder äußerer Faktoren[26]. Partnerschaften haben eine andere Qualität und befriedigen andere Wünsche und Bedürfnisse als es ein Sexualbegleiter, eine Sexualbegleiterin in den Sitzungen tun kann und sollte. Es geht in Partnerschaften gerade für Menschen mit Behinderung auch darum, sich so angenommen zu fühlen wie man ist, und das auf einer Beziehungsebene, die nicht auf dem Beruf der anderen Person fußt, darum also, Zuneigung um seiner selbst Willen zu erfahren, und diese Zuneigung eben dieser anderen, einzigartigen Person zu geben. Sexualbegleitung andererseits bietet zum einen die Möglichkeit, Unterstützung dabei zu erhalten die eigene Sexualität positiv wahrzunehmen, sie kennen zu lernen und auszuleben, „denn eine der wichtigsten Aufgaben in Bezug auf sexuelles Erleben ist für den Behinderten, wie für jeden anderen auch, den eigenen Körper und seine erogenen Zonen kennenzulernen" (Mösler 2002, 50). Und damit kann sie eben zum anderen auch Hilfe sein, Partnerschaften zu schließen, da eine positive Einstellung zum eigenen Körper und zu den eigenen Gefühlen für das Selbstbewusstsein und die Fähigkeit, sich eine Beziehung zuzutrauen, genauso wichtig sind, wie das Wissen darum, wie man sich der geliebten und begehrten Person gegenüber verhält.

Da es Menschen mit Behinderung aufgrund mangelndem Selbstvertrauen, fehlender Aufklärung und fehlender Möglichkeiten oft schwerer haben Beziehungen oder auch „nur"

---

[25] „Surrogat bezeichnet in der Psychologie einen Ersatz in Form eines Ersatzobjektes oder einer Ersatzperson. Surrogate bilden sich oder werden notwendig aufgrund von Verdrängungen oder Verschiebungen von emotionalen Besetzungen. So bilden sich z.B. Ersatzobjekte in Träumen. Ersatzpersonen können in der Erziehung als Bezugspersonen notwendig werden, wenn z.B. die Mutter eines Kleinkindes stirbt (Surrogatmutter)" (Ott 1997, 707).
[26] vgl. Kapitel 1.2 Gibt es behinderte Sexualität? – Wer behindert wen?

Sexualpartner zu finden, bietet Sexualbegleitung auch eine Gelegenheit, sexuelle Bedürfnisse zu befriedigen, so zu sagen „Dampf abzulassen". „Der häufig geäußerte Partnerwunsch ist [aber immer; M.K.] mit zu berücksichtigen, wenn über die Vermittlung von Prostituierten oder so genannte Körper-Kontakt-Services diskutiert wird. Denn wenn auch im Umgang mit behinderten Menschen geschulte Servicedienste oder so genannte SexualbegleiterInnen positive und sinnlich-befriedigende Körpererfahrungen vermitteln können (allerdings gegen Bezahlung), [...] so bleibt für die behinderten Menschen dennoch die Sehnsucht nach einer Partnerin bzw. einem Partner und nach deren oder dessen zärtlicher Zuwendung und Liebe unerfüllt und unerreicht zurück. Sexualität ist aber mehr als punktuelle Körperentspannung und auch mehr als eine gekaufte Ware" (Walter 2001a, 13).

Sexualbegleitung ist im Hinblick auf eine Beziehung also Surrogat, auch wenn sie sexuelle Bedürfnisse befriedigen kann.

2.3.5 These 5: Sexualbegleitung ist keine Therapie

Einen weiteren Diskussionspunkt stellt die Frage dar, ob es sich bei Sexualbegleitung um eine Form der Therapie, also um Sexualtherapie handelt. Es scheint, als würden die Befürworter einem Trend folgen, der in der Behindertenarbeit, sogar in Schulen und Kindergärten schon länger aktuell ist. Während einer Podiumsdiskussion auf der Tagung „Behinderte Sexualität – Verhinderte Lust?" in Nürnberg sagte Lothar Sandfort: „Alles, was wir als Behinderte in unserem Leben machen, wird irgendwie zur Therapie. Wir können machen, was wir wollen, wenn wir schwimmen, ist das Schwimmtherapie, wenn wir uns an den Olympischen Spielen beteiligen, ist das Sporttherapie, wenn wir in anderen Formen Sexualität leben, ist das Sexualtherapie. Ich finde, wir sollten als Behinderte dieses Wort ablehnen" (Podiumsdiskussion 2002, Sandfort, 28). Hierzu schreibt auch Wunder: „Der allseits beschriebene Therapieboom sowie der inflationäre Gebrauch des Wortes Therapie hat den Bereich der behinderten Menschen voll erfaßt. Aus Musizieren wird Musiktherapie, aus Turnen Sporttherapie, aus Malen und Basteln Beschäftigungstherapie, aus Tanzen Motopädie, aus Freizeit Freizeittherapie usw. Der Alltag wird zur Therapie erklärt. Aber es handelt sich nicht nur um Wortgeklingel. Die Therapeutisierung des Alltags ist hier wie anderswo Ersatz für wirkliches Leben und gleichberechtigten normalen Umgang zwischen Menschen" (Wunder 1982). Was will Therapie eigentlich erreichen und wie kann es sein, dass die Unterstützung und Begleitung in der Befriedigung eines ganz normalen menschlichen Bedürfnisses, der Sexualität als Therapieform proklamiert wird? Therapiebedarf wird dann festgestellt, wenn eine (vermeintliche) Abweichung von der Norm festgestellt wird. Therapie will also „Abweichendes heilen", um „Normales" möglich zu machen (vgl. Aly 1989) und setzt somit die Behinderung und in diesem Fall die Sexualität behinderter Menschen „in eins mit [...] *Krankheit* und *therapiewürdig*" (Wunder 1982, Herv. i. Org.). Sexualität kann aber nie als von sich aus krank bezeichnet werden und ist – egal bei welchem Menschen – nicht deshalb therapiebedürftig, weil die Umstände in denen er lebt, ihm ein Ausleben seiner Sexualität nicht oder nur auf eine andere Art und Weise als es der Mehrheit der Bevölkerung normal erscheint ermöglichen.

Des weiteren bedienen sich Therapeuten Maßnahmen, die das Verhalten, oder den Zustand ihres Patienten beeinflussen und verändern (in der Regel immer noch in eine Richtung, die der Therapeut und nicht der Patient festlegt) (vgl. Aly 1989). Sexualbegleitung hat dieses Ziel nicht, wobei SexualbegleiterInnen auch keine Patienten behandeln sondern Klienten begleiten, denen sie Lustgewinn und die Befriedigung von Grundbedürfnissen ermöglichen wollen und zwar nach den Vorstellung des Klienten und nicht so, wie es einer Norm entspricht. „Sexualbegleitung behandelt uns [die Menschen mit Behinderung; M.K.] nicht, auch die klassische Prostitution behandelt uns nicht. Sexualbegleitung verschafft uns Lust und hilft uns hoffentlich bei der Persönlichkeitsentwicklung" (Sandfort 2002b, 113).

Nach außen wäre eine Bezeichnung der Sexualbegleitung als Sexualtherapie eine Möglichkeit zunächst Irritierendes und sicher auch auf Widerspruch Stoßendes ganz einfach zu legitimieren: das was falsch ist muss therapiert und wieder richtig gemacht werden, dafür scheint eine Zustimmung nicht schwer zu sein, denn der Gesellschaft ist sicher daran gelegen, Normabweichendes zu beheben. So wäre eine neue Therapieform Legitimationsgrundlage gegenüber Eltern und der Öffentlichkeit, würde den Kern der Sache aber nicht treffen und auch von einer Verantwortung befreien, die im Zuge der Normalisierung auch die Gesellschaft trifft. Wunder gibt in seinem Artikel „Wider die Therapiesucht" zu bedenken, dass „hinter der Therapeutisierung, hinter dem krankhaft gesteigerten Bedürfnis (sprich Sucht), den gesamten Alltag des behinderten Menschen zu therapieren, [...] Hilflosigkeit, Distanzsuche [steht] und vor allem auch, die so vorgefundenen Strukturen nicht grundsätzlich anzutasten" (Wunder 1982).

Letztendlich muss es also darum gehen Normalität zuzulassen und Erfahrungen zu ermöglichen und so zu helfen, dass Menschen mit Behinderung ihre eigene Sexualität, ihre eigene Normalität finden (vgl. Wunder 1982). Es soll also nicht darum gehen „Normales" als krankhaft zu deklarieren, um das eigene Handeln zu vereinfachen und zu legitimieren und auch nicht um die Therapie dessen, sondern um die Befriedigung legitimer Bedürfnisse des Menschen mit geistiger Behinderung, aufgrund seiner Äußerungen, nach seinen Vorstellungen und Vorlieben und mit Unterstützung durch ausgebildete SexualbegleiterInnen.[27]

In der Praxis jedoch kann Sexualbegleitung durchaus therapeutische Wirkung zeigen, nämlich dann wenn sich aufgrund der Sexualbegleitung Veränderung im Verhalten, vorrangig (auto-)aggressiven Verhalten von manchen Menschen mit geistiger Behinderung, beobachten lassen. in der Theorie-Diskussion aber ist es aus oben genannten Gründen wichtig, zwischen Sexualbegleitung und Therapie zu unterscheiden.

2.3.6 These 6: Sexualbegleitung kann als Ausrichtung der Prostitution verstanden werden, ist aber nicht mit Prostitution im herkömmlichen Sinn gleichzusetzen.

In wieweit Sexualbegleitung als Prostitution zu verstehen ist oder nicht, stellt einen schwierigen Sachverhalt dar. Als wesentlich in der Erörterung dieser Frage erscheint die Sichtweise von Prostitution, wobei die Tatsache, dass einige Frauen und Männer die nun als SexualbegleiterIn arbeiten aus der herkömmlichen Prostitution kommen und über eine Weiterbildung oder intensive Auseinandersetzung mit dem Thema zur Arbeit mit Menschen mit Behinderung kamen, ein anderer Aspekt zu beachtender ist.

Seit dem 1. Januar 2002 gilt Prostitution in Deutschland gesetzlich nicht mehr als Sittenwidrigkeit (vgl. Prostitutionsgesetz), bis dahin war die „Ausübung der Prostitution [...] in Deutschland nicht verboten, [...] aber rechtlich definiert als 'sittenwidrige Tätigkeit`, die 'gegen das Anstandsgefühl aller billig und gerecht Denkenden verstößt'" (Schuren 2002c). Dieser Sichtweise von Seiten des Gesetzgebers steht die Definition von Prostitution als „gewerbsmäßige Ausübung sexueller Handlungen" (Der BROCKHAUS 1998, 719), also einem Angebot sexueller Dienstleistungen gegen Bezahlung gegenüber. Hier gilt es zu überdenken, was unter „sexueller Dienstleistung" zu verstehen ist. Geht man von einem weiten Verständnis von Sexualität aus, so müsste die obige Definition von Prostitution auch auf die Dienstleistung Sexualbegleitung zutreffen. Landläufig wird aber

---

[27] Wunder gibt aus dem Bereich der Kommunikation ein einleuchtendes Beispiel: „Warum muß mit Heimsassen *Kommunikationstraining* gemacht werden? Wären die gleichen Menschen in einer anderen Umgebung, z.B. in einer Wohngruppe im Stadtteil und könnten den Nachbarn zugucken, in die Eckkneipe gehen und die normalen Geschäfte, kurz: am alltäglichen Leben dort teilnehmen, dann *könnten* sie kommunizieren und *täten* dies wahrscheinlich auch" (Wunder 1982).

Prostitution mit einem auf die Genitalsexualität verkürztem Verständnis von Sexualität in Verbindung gebracht und in vielen Fällen sicher auch so umgesetzt und erwartet. In der wenigen Literatur, die man zum Thema Sexualbegleitung momentan findet, wird dieses Thema nicht eindeutig behandelt. So verneint zum Beispiel Schuren eine Übereinstimmung: „Dabei geht es Behinderten oft gar nicht nur um Sex oder Geschlechtsverkehr, sondern um Berührungen, um intensive Körperkontakte, Umarmen, Festhalten – und das eben nicht bloß, weil es einen (sexuellen) Zweck hat, sondern damit es gut tut. Es ist daher m. E. abwegig, diese 'Sexualassistenz' oder, wie es Sandra Senger von SENSIS formuliert, den 'Körper-Kontakt-Service' mit Prostitution gleichzusetzen" (Schuren 2003c). Während die Anbieterin Valerie Böckmann auf die Grenzen zur Prostitution, bzw. bestimmte Unterschiede hinweist, indem sie verdeutlicht, dass SexualbegleiterInnen häufig auf die volle Bezahlung ihrer Arbeit verzichten oder Dienste länger als dafür bezahlt wird anbieten: „Ich glaube dass wenn man wirklich für 150 Euro drei bis vier Stunden sich jemanden widmet... dass die Grenzen zur normalen Prostitution weit entfernt sind" (Online-Gästebuch sensis Hessen, Beitrag 55). Nina de Vries, Sexualbegleiterin aus Potsdam antwortet auf die Frage, was der Unterschied zwischen Prostitution und Sexualbegleitung sei: „Sexualbegleitung erfordert ein viel größeres Sicheinlassen auf den Klienten. Das wichtigste für mich bei dieser Arbeit ist die Fähigkeit, mich selbst zu beobachten und zu reflektieren. Das heißt, ich muss an erster Stelle so bewusst wie möglich wahrnehmen was 'in mir' vorgeht, was ich fühle, was ich denke, was ich möchte und was nicht. Gleichzeitig offen sein für das, was sich in der Begegnung ergibt. Nur so kann eine würdevolle und respektvolle Begegnung stattfinden. Auch ein intensiver Kontakt zu Eltern und Betreuern ist wichtig" (de Vries 2001d, 20).

Dass das Verständnis von Sexualbegleitung als Prostitution oder dessen Ablehnung auch von der Einstellung zum Thema Prostitution abhängt, macht Vernaldi deutlich: „Mein Problem war, was ich bisher über Prostitution gehört hatte: Sexuelle Ausbeutung, Menschenhandel, Drogensucht, Sexismus, der Mensch als Objekt. Ich wollte nicht mit einer Frau Sex haben, die sich dazu gezwungen sieht. Ich wollte nicht, dass sich eine Frau von meinem Begehren, von meinem Trieb abschätzig behandelt fühlt, auch nicht aus Notgeilheit heraus und auch nicht für Geld" (Vernaldi 2002b, 3), aber „Prostitution muss nicht kriminell intendiert und zwielichtig sein" (ebd., 11).

Es ist schwer ein eindeutiges Meinungsbild herauszuarbeiten. Sexualbegleitung schließt schon von der Sache her menschenunwürdige und gesetzeswidrige Aspekte, die Prostitution haben *kann*, aus. Sie beinhaltet außerdem bestimmte Aspekte, die sie von der herkömmlichen Prostitution unterscheiden, aber sie bietet sexuelle Dienstleistungen gegen Bezahlung an.

So könnte man die These formulieren: Sexualbegleitung kann als Ausrichtung der Prostitution verstanden werden, ist aber nicht mit Prostitution im herkömmlichen Sinn gleichzusetzen.

2.4 Begründungsansätze für eine Ermöglichung der Sexualbegleitung

Ein Nachdenken über die Legitimation der Sexualbegleitung scheint besonders als Argumentationsgrundlage für die, die diesen Service gerne in Anspruch nehmen würden notwendig. Immer wieder geraten Menschen mit Behinderung in das Dilemma, sich rechtfertigen zu müssen für die Forderung nach Hilfen oder Dingen, die für Menschen ohne Behinderungen selbstverständlich erscheinen. Grundlage dieser vermeintlichen Argumentationspflicht sind zumeist ökonomische, aber auch moralische Bedenken und Einwände von Seiten der Nichtbehinderten. Der im Grundgesetz im Art. 3 Abs. 3 Satz 2 festgeschriebene Leitsatz „Kein Mensch darf auf Grund seiner Behinderung benachteiligt werden", scheint in zahlreichen Fällen zur Farce zu werden. Im Zusammenhang mit Sexualbegleitung braucht eine grundsätzliche Begründung nicht an der Tatsache festgemacht werden, dass es sich um Forderungen für Menschen mit geistiger Behinderung, bzw. allgemein für Menschen mit Behinderung handelt. Alle Menschen sind sexuell und eine Forderung nach einer Ermöglichung eines erfüllten Sexuallebens gilt somit für alle Menschen. Wie oben schon erwähnt, sind es die Umstände, die individuellen Lebenssituationen, die die Art und Weise der gelebten Sexualität beeinflussen – was bei Menschen mit geistiger Behinderung im negativen Sinne der Fall ist. Diese andere Situation macht neben der allgemeinen auch eine spezielle Argumentation nötig, die der Lebenssituation von Menschen mit geistiger Behinderung Rechnung trägt, da ihre „Möglichkeit, individuell und selbstbestimmt nach eigenen Vorstellungen Sexualität zu leben und partnerschaftliche Beziehungen eingehen zu können, [...] für viele behinderte Menschen vielleicht mehr noch als für Nichtbehinderte die Bedeutung [hat], sich ihrer Attraktivität für andere bewusst zu werden. [...] Dadurch gewinnt für behinderte Menschen Sexualität eine zusätzliche Bedeutung, nämlich die Erfahrung und Selbstbestätigung, ein 'normaler Mann` bzw. eine 'normale Frau` zu sein und so von einem anderen Menschen als 'vollwertige/r` Partner oder Partnerin akzeptiert zu werden. Und genau das impliziert der Begriff 'Menschenwürde`" (Walter 2001b, 38).

Im Folgenden soll zunächst eine allgemeine und dann eine etwas spezifischere Begründung versucht werden, in der schon genannte Gedanken teilweise wieder aufgegriffen werden, um sie expliziter zu formulieren.

2.4.1 Sexualität ist ein Grundbedürfnis des Menschen

Sexualität als Grundbedürfnis des Menschen wird zunächst nachweisbar erkennbar in der „physiologischen Sexualität" (Buttenschøn zitiert nach Finke 2002) als „ein angeborenes Bedürfnis bei allen Menschen, ungeachtet der Tatsache, ob sie behindert sind oder nicht" (ebd.). Seine Aussage belegt Buttenschøn durch Veränderungen im Körper, die bei sexueller Erregung mit der Erektion des männlichen Gliedes und der Lubrikation (Feuchtwerden der Scheide), „oft mehrmals am Tag" (ebd.) auftreten. Das Verstehen dieser Reaktionen als Spinalreflexe, „die nicht vom Willen gesteuert und dirigiert werden können" (ebd.) sei wichtig, um „eine solche Sexualität [nicht] zu verbieten oder jemanden deswegen zu tadeln" (ebd.). Die Tatsache, dass der Mensch schon von Geburt an sexuelles Verhalten zeigt, bekräftigt diese Aussage, auch wenn sexuelle Aktivität meist erst in der Pubertät durch die Hormonproduktion eindeutiger identifizierbar, da intensiver und zielgerichteter wird. Diese Darstellung ist sehr auf den Bereich der Genitalsexualität beschränkt, Maslow nimmt zudem Bezug auf einen weiteren Sexualitätsbegriff und ordnet Sexualität auch in die „Bedürfnisse nach Zuneigung und Liebe" (Maslow 1978, 86) ein, in dem er sie als „möglichen Ausdruck" (ebd.) dieser beiden bezeichnet. Sexualität, die Maslow nicht synonym mit Liebe setzt (vgl. ebd.), zählt er ebenfalls zu den physiologischen Grundbedürfnissen, und nennt sie neben Hunger und Durst unter der Bezeichnung „klassische Beispiele" (ebd. 75), wonach Sexualität dann eines der biologischen Grundbedürfnisse ist, deren Befriedigung der Mensch als erstes sucht. Heute geht man des Weiteren davon aus, dass Sexualität wahrscheinlich noch mehr als von biologischen, von sozialen Reizen determiniert ist. Man spricht von sog. sexuellem Appetenzverhalten (vgl. Der BROCKHAUS 2001). Bollag geht auf diese soziale Komponente ein, indem sie den Kommunikationscharakter von Sexualität in den Vordergrund rückt und postuliert: „Sexualität ist, wenn sie denn ausgelebt wird, eine ganz intensive Form der Kommunikation. [...] Wir können nicht nicht-kommunizieren, wir können nicht nicht-sexuell sein. Es ist keine Frage von einem Recht auf Sexualität, es gibt keinen nicht-sexuellen Menschen" (Podiumsdiskussion 2002, Bollag, 30).

Auch im Grundbedürfnis nach Zuneigung und Liebe wird die soziale Ebene angesprochen. So kann es, wenn man von befriedigender Sexualität spricht, nicht nur um die Befriedigung des Sexualtriebes, sondern auch um die von anderen, grundlegenden (!) Bedürfnissen wie Zärtlichkeit, Nähe oder in seinem Sosein Angenommensein gehen. „Sich an einen anderen Menschen zärtlich und leidenschaftlich hinzugeben und in der Ekstase der Lust sein Ich zu verströmen, das sind Möglichkeiten des Menschen, die er zum Menschsein braucht und die seine Menschlichkeit fördern können" (Schmidt 2002, 221).

Genauso hat jeder Mensch „ein Recht auf sexuelle Entfaltung, Zärtlichkeit und sinnliches Erleben. Diesem Grundsatz, der ein Grundbedürfnis des Menschen anspricht" (Greb 2000, 8), muss in der Arbeit mit Menschen mit geistiger Behinderung Rechnung getragen werden. Menschen mit geistiger Behinderung brauchen hierbei meist Unterstützung, die individuell unterschiedlich und mehr oder weniger intensiv gestaltet werden muss. Unabhängig davon, wie diese Hilfe aussieht, muss klar sein, dass jeder Mensch das Bedürfnis nach Sexualität in allen Bereichen nach Sporken hat und dass er danach strebt, diesem Bedürfnis nachzukommen. Braucht ein Mensch mit Beeinträchtigungen dabei Hilfe, so ist es die Pflicht der BetreuerInnen und Eltern ihm diese zu gewähren. Sexualbegleitung als Ermöglichung sexueller Aktivität stellt sich somit der Aufgabe, Beitrag zur Bedürfnisbefriedung zu leisten und ist als solche besonders dann zu gewähren, wenn der Wunsch nach Intimität, nach sexueller Aktivität so groß wird, dass ihn betreuende Personen nicht mehr befriedigen können.

2.4.2 Das „Recht" auf Sexualität

Dass Menschen dieses von Greb angesprochene Recht auf Sexualität (vgl. o.) tatsächlich besitzen, lässt sich für viele sicher nicht allein von der Tatsache ableiten, dass Sexualität ein Grundbedürfnis des Menschen darstellt und dass „aus sexualwissenschaftlicher Sicht [...] außer Zweifel [steht], dass die Unterdrückung sexueller Bedürfnisse nicht nur eine erhebliche Beeinträchtigung der Lebensqualität bedeutet und bis hin zur Existenzkrise führen kann, sondern auch als Ursache vieler psychosomatischer Störungen und Erkrankungen in Erscheinung treten kann" (Mösler 2002, 49).

Würde es darum gehen, das Recht von Menschen mit Behinderung auf Sexualität festzumachen, so würde allein Art. 3 Abs. 3 des Grundgesetzes „Niemand darf aufgrund seiner Behinderung benachteiligt werden" als Argumentation ausreichen. Es soll hier aber in erster Linie um eine Darstellung unabhängig von Behinderung gehen, denn wir „alle sehnen uns nach mitmenschlicher Nähe, nach Zärtlichkeit, nach Berührung, nach Möglichkeiten zur Selbstentfaltung als Mann oder Frau. Im Bereich der Sexualethik gibt es bei der Konkretisierung von Grundnormen bestimmte Differenzierungen, die manchmal zu größerer Toleranz, manchmal aber auch zu mehr Zurückhaltung führen können. Aber das Grundrecht auf Sexualität – in all ihren Spielarten – gilt für alle Menschen" (Schmidt 2002, 214).

Ein Recht auf Sexualität am deutschen Gesetz festzumachen, fällt schwer, denn Sexualität und Selbstbestimmung kommen im deutschen Gesetz konkret genannt nur im Strafrecht vor: Abschnitt 13 StGB regelt dort „Straftaten gegen die sexuelle Selbstbestimmung", unter die sexueller Missbrauch (§§174-176 StGB), Vergewaltigung (§177 StGB), sexuelle Nötigung (§178 StGB) und § 179 StGB „Sexueller Missbrauch von widerstandsunfähigen Personen" fällt. So wird das Recht auf Sexualität zumeist von anderen Rechten abgeleitet, die „Sexualität" nicht im Wortlaut haben, sie aber implizieren.

Zunächst einmal sind das Art. 1-3 des Grundgesetzes. Art. 1 Abs. 1 GG "Die Würde des Menschen ist unantastbar" gilt als höchster Wert unserer freiheitlichen Demokratie und sichert den sozialen Wert- und Achtungsanspruch jeder Person (bzw. soll ihn sichern). Art. 2 GG beschreibt die persönlichen Freiheitsrechte: das Recht auf die freie Entfaltung der Persönlichkeit (Abs. 1), das Recht auf Leben und körperliche Unversehrtheit, die Freiheit der Person ist unverletzlich (Abs. 2). Die Verwirklichung des Grundrechtes auf Entfaltung der Persönlichkeit bezieht sich auch auf Sexualität und Partnerschaft (vgl. Lebenshilfe 1988; Walter 1986), in der Psychologie gilt schon lange der Einfluss der Sexualität auf die Persönlichkeitsentwicklung als bewiesen.

Schließlich ist in den UN-Rahmenbestimmungen für die Herstellung der Chancengleichheit für Behinderte in Bestimmung 9 „Familienleben und freie Entfaltung der Persönlichkeit" folgendes festgeschrieben: „Die Staaten sollen die volle Teilhabe Behinderter am Familienleben fördern. Sie sollen ihr Recht auf freie Entfaltung der Persönlichkeit fördern und sicherstellen, *daß Behinderte hinsichtlich ihrer sexuellen Beziehungen, der Ehe und der Elternschaft nicht durch Rechtsvorschriften diskriminiert werden*" (Haake 1999, Herv. M.K.).

Der Alltag für Menschen mit Behinderung sieht in Deutschland auf jeden Fall anders aus. „Ein Recht auf sexuelle Verwirklichung bedeutet [jedoch] für die Behinderten, daß sie – je nach ihren individuellen, echt menschlichen Bedürfnissen und ihren persönlichen Möglichkeiten – Anspruch auf persönlichen Beistand und auf praktische Hilfe erheben dürfen, um in Beziehung zu Mitmenschen zur Selbstentfaltung als Mann oder Frau heranreifen können" (Sporken 1974, 164). Um diesen Satz zu aktualisieren, muss hinzugefügt werden, dass das Gleiche auch für Hilfen in partnerschaftlichen Beziehungen und Hilfen im Bereich der Genitalsexualität gilt.

Eine Voraussetzung für das Recht auf Sexualität ist die Respektierung der Privat- und Intimsphäre, um die es im Leben von Menschen mit Beeinträchtigungen oft schlecht bestellt ist. Implizit findet man dieses Recht wieder in Art. 13 Abs. 1 GG, dem Recht auf „Unverletzlichkeit der Wohnung". Das „Recht auf Privatleben [...], das auch das Recht umfaßt, sexuelle Empfindungen und Freuden zu erleben und zu genießen" (Walter 1986,

26) wird in vielen Wohnheimen schon allein durch Mehrbettzimmer und die Tatsache verletzt, dass bestimmte gesellschaftliche Regeln, wie etwa das Anklopfen bevor man ein Zimmer betritt, im gemeinsamen Alltag mit Menschen mit geistiger Behinderung nicht berücksichtigt werden. „Das Recht auf ein individuelles Sexualleben beginnt ganz banal schon bei der selbstbestimmten Intimsphäre. Das eigene Zimmer, das ich abschließen kann und wo mich besuchen kann, wer will, sofern ich es selbst will. Und wo die Mitarbeiter es längst begriffen haben: Man klopft an, und tritt ein, wenn auch gestattet" (Walter 2001a, 9). Hier wird wieder deutlich wie großen Einfluss das Normalisierungsprinzip auf die freie Entfaltung der eigenen Sexualität hat.

Walter geht in seinem Vortrag „Selbstbestimmte Sexualität als Menschenrecht – eine Selbstverständlichkeit auch für Menschen mit Beeinträchtigungen!" (Walter 2001a, 8ff) einen Schritt weiter. Er deklariert neben einem „Recht auf individuelles Sexualleben und eigene sexuelle Identität", das „Recht auf körperliche Unversehrtheit und Schutz vor Übergriffen", das „Recht auf Sexualpädagogik und Sexualberatung", das „Recht auf Sexualassistenz", das „Recht auf eigene Kinder" und das „Recht auf Eigensinn" (ebd.) und stellt deren Anerkennung so zu sagen als Standard für die Arbeit im Bereich der Sexualität dar.

Gerade letztgenanntes „Recht auf Eigensinn", das Walter aus Art. 2 Abs. 1 GG „Jeder hat das Recht auf die freie Entfaltung seiner Persönlichkeit" ableitet, da dies auch „das Recht, alles ganz anders zu sehen und machen zu dürfen" als andere es tun würden impliziere, bringe durch die Möglichkeit, „eigensinnig" Entscheidungen für das Leben zu treffen, „die Idee der Menschenwürde wohl auf den zentralen Punkt" (ebd., 14).

Grundsätzlich sollte deutlich werden, dass „angesichts des anthropologisch hohen Stellenwerts, den Sexualität für unser Menschsein hat, [...] von einem Grundrecht auf Sexualität und sexuelle Selbstbestimmung für alle Menschen, also auch für behinderte Menschen, gesprochen werden [kann und muss]" (ebd.). In Bezug zu Sexualbegleitung bedeutet dies zunächst einmal, dass ein Recht auf Sexualbegleitung besteht! Es heißt aber auch, dass Menschen mit Behinderung Bedürfnisse äußern dürfen und dass dort wo es schwierig ist, dies verbal zu tun, Verhaltensweisen erkannt und richtig gedeutet werden müssen ohne dass Tabus den Weg zu Unterstützung im Bereich der Sexualität verstellen.

2.4.3 Sexualität und Identität

Einer der Aspekte von Sexualität im Leben des Menschen ist der psychosexuelle Aspekt[28] als wesentlicher Bestandteil der Identitätsbildung. Deshalb wird in der Literatur auch vom Identitätsaspekt der Sexualität gesprochen. Sexualität als Kommunikations- und Interaktionsform zwischen Menschen trägt somit durch intensive Erfahrungen zur Bildung einer Ich-Identität bei, die Goffman als „das subjektive Empfinden seiner eigenen Situation und seiner eigenen Kontinuität und Eigenart, das ein Individuum allmählich als ein Resultat seiner verschiedenen sozialen Erfahrungen erwirbt" (Goffman 1975, 132) beschreibt.

Neben der Ich-Identität, die sich nach Frey aus dem Sozialen-Selbst und dem Privaten-Selbst zusammensetzt und die Frey als internen Aspekt der Identität bezeichnet (vgl. Cloerkes 2000), spielt auch der externe Aspekt, so zu sagen „Rahmeninformationen", die eine Person über sich und seine Umwelt erhält (ebd.), eine Rolle bei der Bildung der Identität. Ein Individuum befindet sich ständig in einem „Integrations- und Balanceakt" (ebd.) indem es bestrebt ist, eine positive Identität dadurch aufrechtzuerhalten, dass Soziales- und Privates-Selbst übereinstimmen und mit externen Bedingungen möglichst in Einklang stehen. Dazu muss der Mensch abwägen zwischen den Anforderungen und Erwartungen der Umwelt (für den Menschen mit Behinderung heißt das, sich allgemein gültigen Normen und Verhaltensweisen, also der „Normalität" anzupassen) und der eigenen Einzigartigkeit und den eigenen Anforderungen aus dem privaten Selbst heraus (was beim Menschen mit Behinderung das Wissen um seine Individualität als Mensch aber gleichzeitig ein Bewusstsein über seine „Unnormalität" bedeutet).

„Sexualität ermöglicht die Erfahrung des eigenen Ich als eine eigenständige und zur Selbstbestimmung fähige körperliche und seelische Einheit, Sexualität ermöglicht die Gewährung und Entgegennahme von Selbstständigkeit als Bedingung zur Selbstliebe und zur Weiterentwicklung der eigenen Persönlichkeit" (Sielert zitiert nach Bruner 2000). Angenommen werden, Zärtlichkeit, Zuneigung, erfahrene Lust und Aufmerksamkeit, die wir im Ausleben unserer Sexualität spüren können, tragen als Interaktionserfahrungen zu einer positiven Ich-Identität bei. „Über unseren Körper bekommen wir von unserer Umwelt das Bewusstsein davon, wer wir sind und wie wir uns in dieser Gesellschaft begreifen dürfen. Wer an sexueller Erfahrung gehindert wird, wer im Spiel der Sexualität keine Rolle spielt, weil er/sie als unattraktiv ausgestoßen wird oder sich selbst ausschließt, gerät in Gefahr, seine männliche oder weibliche Identität zu verlieren. [...] Sexuelle Erfahrung vermittelt uns die Überzeugung: ich werde begehrt und kann begehren; ich werde

---

[28] vgl. Kapitel 1.1 Was ist Sexualität?

geliebt und kann lieben; ich bin Mann oder Frau" (Schmidt 2002, 219). So kann Sexualität eben auch „verletzende Potenziale für die Identität" (Bruner 2000) in sich bergen. Der Externe Aspekt nach Frey umfasst die soziale und personale Identität (nach Goffman): dem Subjekt wird einerseits ein Status zugeschrieben, gleichzeitig erhält es aufgrund seiner Biographie und seiner personalen Informationen einen bestimmten Platz in der Gesellschaft und kann sich so als einzigartig innerhalb der Gruppe identifizieren. Menschen mit Behinderung erfahren hier in erster Linie stigmatisierende Zuschreibungen. Sie gelten in unserer Gesellschaft als geschlechtslose Wesen, ihr Mann- oder Frausein wird ihnen abgesprochen. Ihr Status ist in erster Linie defizitär belegt und wird im Hinblick auf Sexualität allgemein negativ besetzt. Biografisch scheint der Platz in der Gesellschaft ebenso eindeutig eine Sonderrolle zu implizieren: Frühförderung, Sondereinrichtungen vom Kindergarten bis hin zur Arbeitsstelle verweisen Menschen mit Behinderung in Schranken. Dies wird auch bei der Suche nach einem Partner, einer Partnerin deutlich. Partnerschaften zu gründen oder einen Sexualpartner zu finden, hat viel zu tun mit Mobilität und mit Selbstbestimmung. Menschen die in Sondereinrichtungen leben, haben kaum Chancen, ihren Bekanntenkreis auszuweiten, oft sind die Klassenkameraden auch Spielgefährten, die Kollegen aus der WfbM auch Mitbewohner. Freizeitgestaltung kann oder darf meist nur in Begleitung eines Betreuers stattfinden, diese „Nebenwirkungen" einer „typischen" Biographie erweisen sich als ausgesprochen sexualfeindlich und wirken sich auf das Selbstbild des Menschen mit Beeinträchtigung aus.

Die Bildung eines Selbstbildes ist Inhalt des Inneren Aspektes der Identität bei Frey, er „wird als reflexiver Prozess aufgefasst und entspricht der Ich-Identität bei Goffman" (Cloerkes 2000). Die Frage nach dem, wie mich die anderen sehen, steht der Frage nach dem, wie ich mich selbst sehe gegenüber. Zunächst einmal erleben sich Menschen mit Behinderung als grundsätzlich anders, die Erwartungen, die an sie gestellt werden stimmen nicht mit dem überein, wie sie sich sehen. Ihre Sexualität wird als eine entweder nicht vorhandene oder triebhafte stigmatisiert, obwohl sie sich grundsätzlich nicht von der anderer Menschen unterscheidet. Jeder Mensch erlebt von Kindheit an sexuelle Momente. Egal ob man mit oder ohne Behinderung lebt wird man andere Menschen attraktiv finden, sich von ihnen angezogen fühlen, sich nach Zärtlichkeit und intimen Berührungen sehnen und Veränderungen am eigenen Körper beobachten. Diese Empfindungen stehen dann im Gegensatz zu dem, wie die Umwelt dem Menschen mit geistiger Behinderung gegenüber tritt: Berührungen werden zurückgewiesen oder finden nur in Pflegsituationen statt, sexuelle Äußerungen werden geleugnet und Partnerschaften verboten oder aufgrund äußerer Umstände unmöglich gemacht. Vermeintliche „Geschlechtslosigkeit einerseits, Triebhaftigkeit andererseits bilden dann die Pole, in denen sich psychosexuelle und Identitätsentwicklung [...] vollziehen sollen" (Henschel 2001, 11). Der Kontext in dem sich hier ein Selbstbild entwickeln soll, stellt Menschen mit geistiger Behinderung vor schwierige Probleme. Wahrgenommene Bedürfnisse und Empfindungen stimmen nicht mit dem entgegengebrachten Verhalten überein. „Verlaufen [...] Erfahrungen negativ und stoßen die Bemühungen auf Ablehnung und Missachtung, verursacht dies beim behinderten Menschen Verwirrung, Stress und Trauer" (Nirje 1994, 27).

Frey erläutert in diesem Zusammenhang ähnlich wie Goffman bestimmte Strategien, sog. Identitätsstrategien, die dem Individuum zur Verfügung stehen um den Balanceakt zu bewerkstelligen ohne das eigene Selbstbild negativ zu belasten (vgl. Cloerkes 2000). „Auf der kognitiven Ebene besteht die Möglichkeit, die neuen, unangenehmen Informationen nur selektiv bzw. verzerrt wahrzunehmen" (ebd.) und auf „der Handlungsebene hat das Individuum die Möglichkeit, das Bild der Umwelt von ihm durch entsprechende Handlungen und Argumente zu korrigieren" (ebd.). Menschen mit geistiger Behinderung haben sowohl im kognitiven als auch im Handlungsbereich bedingt durch die Schädigung als auch durch soziale Gegebenheiten weitaus weniger Möglichkeiten der Reaktion. So können sie beispielsweise nicht einfach die Bezugsgruppe wechseln, noch haben sie die Möglichkeit sich auf verschiedenen Wegen Informationen und dadurch überzeugende Argumente zu beschaffen. Gerade in der Pubertät ergeben sich für Jugendliche mit geistiger Behinderung hieraus Situationen und Konflikte, die ohne Hilfe nicht zu bewältigen sind. „Sieht man die Hauptaufgabe in der Pubertätszeit im Erwerb einer Ich-Identität und in der integrierenden Bewältigung der Sexualität, so ist eine beeinträchtigte psychosexuelle Entwicklung und eine entsprechend schwach ausgeprägte Ich-Identität vorhersagbar" (Walter 1980, 242).

Der (im Kontext der gesellschaftlichen Einstellungen sowie sozial-politischen und ökonomischen Gegebenheiten nicht einfachere, aber sicher menschenwürdigere) Weg, diesen auftretenden Identitätskonflikten zu begegnen, wäre ein Umdenken und Umgestalten im Bereich der Sexualität von Menschen mit geistiger Behinderung, sprich die Gewährung und Ermöglichung einer möglichst „normalen", ihren Bedürfnissen entsprechenden Lebensweise im Bereich Sexualität und allgemein. Das heißt im Endeffekt, selbstbestimmte Sexualität und ein Angebot von Hilfen zur Bewältigung auftretender innerer und äußere Konflikte. Sexualbegleitung verfolgt genau dieses Ziel, sie will zum einen sexuelle Kontakte ermöglichen, zum anderen auch die nötige Begleitung und Hilfe bei der Auseinandersetzung mit der eigenen Sexualität leisten. De Vries macht die Relevanz für die Identitätsbildung in ihrer Beschreibung deutlich: „Es ist wichtig, klar zu machen, dass hier ein Ort ist, um Erfahrungen zu machen, die oft ein neues Selbstbewußtsein bewirken. Das Gefühl ein Außenseiter zu sein, also jemand, der nicht dazugehört, kann sich verändern. Ich wünsche mir, dass die Sitzungen Anstöße geben, um freudiger, selbstbewusster, ausgeglichener und entspannter in der Welt zu stehen und zu mehr Selbstliebe anregen" (de Vries, Podiumsdiskussion 2002, 20f).

Der letztgenannte Punkt, das Körpererleben, stellt einen bedeutenden Teil in der Identitätsentwicklung dar, gleichzeitig bildet sich ein positives Körperbild gerade auch in intimen Erfahrungen mit anderen Personen und auch das Erleben des eigenen Frau- oder Mannseins in sexuellen Kontakten spielt eine Rolle im Aufbau der eigenen Identität. Wir leben in unserer Gesellschaft auch ganz konkret als Mann oder Frau. Deshalb soll, im Folgenden sowohl auf die Körperlichkeit als auch auf das erleben der Geschlechtlichkeit konkreter eingegangen werden.

2.4.3.1 Sexualbegleitung ermöglicht positive Körpererfahrungen

„Körperlichkeit und Sexualität sind Begriffe, die für das Leben eines nichtbehinderten erwachsenen Menschen untrennbar zusammengehören: Sexualität ist nur über Körpergefühle und Körperkontakt erlebbar, physiologische und motorische Abläufe machen Sexualität erfahrbar, sowohl als individuelles Gefühl wie auch als Körpersignale in der erotisch-sexuellen Interaktion. Außerdem spielt Körperlichkeit als sozial vermittelte ästhetische Ausdrucksform eine nicht unbedeutende Rolle im Vorfeld von sexuellen Erlebnissen" (Bader 1991, 221). Das Erleben des eigenen Körpers als attraktiv, schön, erotisch und den allgemeinen gesellschaftlichen Normen entsprechend hat in der Bedeutung für eine positive Identitätsentwicklung wesentlich zugenommen. Wie angepasst der eigene Körper nun tatsächlich erlebt wird, oder erlebt werden muss, wie sehr man sich dem Schönheitskult beugt oder den eigenen Körper so annehmen kann, wie er ist, hängt von zahlreichen Faktoren ab.

Die Entwicklung des eigenen Körperschemas und eines positiven Körperbildes folgt einem komplizierten Prozess, in dem genau wie bei der Identitätsbildung Umwelt und Person eine Rolle spielen und dessen Bewältigung kognitive, Handlungs- und Wahrnehmungskompetenzen erfordert. Neben dem Wissen um Körperaufbau und -funktion, benötigt man die Fähigkeit die Größenverhältnisse und die räumliche Ausdehnung des Körpers einschätzen zu können, sowie sich im eigenen Körper orientieren zu können. Sich seines Körpers, in dessen Aufbau und Repräsentation bewusst zu sein, den eigenen Körper als von der Umwelt abgegrenzt wahrzunehmen und letztendlich die Einstellung dem eigenen Körper gegenüber, sein Empfinden und die Bewertung des eigenen Aussehens „stehen in engem Zusammenhang mit den Erfahrungen und der Bewertung des Selbst" (vgl. Bruner 2002). Die „Verwurzelung im eigenen Körper ist wesentlich für die personale Identität" (Paulus zitiert nach Bruner 2002) und so „ist das Verhältnis zum eigenen Körper einer der fundamentalsten Aspekte des Lebens" (Bruner 2002). Die Erfahrungen die zu diesem Verhältnis beitragen sammelt der Mensch in Beziehung zu anderen, indem er seinen Körper und dessen Wirkung auf die Umwelt erprobt und die Reaktionen der Anderen reflektiert und seinen Empfindungen und Einstellungen gegenüberstellt. Bubers „Der Mensch wird am Du zum Ich" (Buber 1923, 36) macht auch in Bezug auf ein positives Körperempfinden und Körperbild die Bedeutung des Gegenübers deutlich. „Begehren, Lusterleben, Körperlichkeit und Körperbilder werden durch unseren Umgang mit anderen Menschen [und mit uns selbst; M.K.] erfahren und ausgebildet" (Henschel 2001, 11). Ein positives Körperbild setzt somit, neben dem Wissen über den eigenen Körper und seine Funktionen und im Fall einer Behinderung auch das Wissen über seine Andersartigkeit, auch positive Begegnungen, Wertschätzung, Anerkennung in Berührungen, Verhalten und Äußerungen der Mitmenschen voraus.

Menschen mit geistiger Behinderung sehen sich auch hier Schwierigkeiten gegenüber, die nicht nur von ihren Fähigkeiten, sondern in großen Teilen von der Begegnung mit ihren Mitmenschen in einer Gesellschaft, die deren Sexualität und Geschlechtlichkeit leugnet, bedingt sind. Körper und Körperkontakt sind für sie weitaus funktionaler bewertet und lassen kaum lustvolle Erlebnisse zu, „Behinderte haben es [...] schwer, zu sich und zu ihrem Körper ein positives Verhältnis zu finden" (Klee 1996). So machen „viele der alltäglichen Versorgungs- und Pflegesituationen den Körperkontakt mit anderen Menschen für sie notwendig" (AG Sexualität 2000). Die Gestaltung solcher Situationen verläuft oft wenig körperbezogen, im Hintergrund stehen Tagespläne, Pflegesätze und damit das schnelle, unkomplizierte Erledigen nötiger Handgriffe. Hinzu kommt, dass viele Menschen mit schweren Behinderungen nicht verbal kommunizieren können und somit eine Verständigung über Körperkontakt nötig wird. Gerade bei Menschen mit schweren Behinderungen, die selbst kaum Möglichkeiten haben, ihren Körper zu entdecken und wahrzunehmen[29], kommt es auf eine positive und bewusste Gestaltung solcher Situationen an. So kann man die bewusste Körperpflege, „die eine zentrale Interaktionsform zwischen nichtbehinderten und schwerbehinderten Menschen darstellt" (Bader 1991,

---

[29] „Für den schwerbehinderten Menschen bleibt das Körperschema unvollkommen, da sensomotorische Entwicklung und körperliche Entwicklung nicht parallel verlaufen, da ihm Handlungsstrategien fehlen, um mit Hand und Auge den eigenen Körper zu erfahren und zu körperlichen Rückmeldungen vollständig und bewusst zu verarbeiten" (Bader 1991, 223).

221), im Hinblick auf ein sehr weites Verständnis von Sexualität als Teil der passiven Sexualbegleitung verstehen.

Aktive Sexualbegleitung kann im Bereich des Aufbaus eines Körperschemas und Körperbildes Erfahrungen bieten, die über das mögliche Angebot in Wohneinrichtungen oder über die Möglichkeit von Eltern hinausgeht. Einen anderen Menschen nackt betrachten zu können, den eigenen Körper mit dem anderen zu vergleichen, sind Erfahrungen und Eindrücke, die die meisten Menschen schon in der Kindheit erleben können, da es für sie zum Beispiel normal ist, mit Mama, Papa und den Geschwistern das Badezimmer zu teilen. Den vorhandenen Nachholbedarf vieler Menschen mit geistiger Behinderung, denen diese Erfahrungen oft aufgrund einer Heimeinweisung oder nötiger intensiver Pflege verweigert war, können Eltern und Betreuer so nicht mehr erfüllen. Menschen mit körperlichen Behinderungen, die auf therapeutische und ärztliche Hilfe angewiesen sind erleben ihren Körper meist nur als „Makel" (Vernaldi 2002b, 5), als von der Norm abweichend, in Therapien als Ort des Schmerzes und des Zeitaufwands. „Der Körper gehört den Ärzten, Krankengymnastinnen und Pflegerinnen" (ebd.), Berührungen um des Körper- und Lustempfindens Willen sind schwierig und werden Menschen mit Beeinträchtigung kaum von anderen Menschen entgegengebracht. Sexualbegleitung ermöglicht hier einen Körperkontakt, der auf den jeweiligen Menschen Wert legt und nicht an der Beseitigung oder Veränderung seines Aussehens orientiert ist. Dass Masturbation eine positive Beziehung zum eignen Körper aufzubauen hilft, verdeutlicht Sandfort: „Mit der Masturbation lernen wir, unseren Körper zu lieben. Er, der uns immer mies gemacht wurde und wird, macht uns nun Spaß. Er, der uns sicher vieles unmöglich macht und uns viele Anerkennung verhindert, schenkt uns nun diesen wunderschönen Belohnungscocktail, die heiß begehrten Hormone" (Sandfort 2002b, 84). Wenn es Menschen nicht möglich ist sich selbst zu befriedigen, oder wenn sie nicht wissen, wie sie masturbieren können ohne sich zu verletzen, dann wird Hilfe insofern schwer, da sie Grenzen von Betreuern und Eltern sprengt und diese auch gesetzlich auf einen schmalen Grat bringt. SexualbegleiterInnen können diese Aufgabe ohne Schwierigkeiten damit zu haben übernehmen. Allgemein kann mit Sexualbegleitung ein Erleben des eigenen Körpers, die Beschäftigung mit ihm und auch die Annäherung und das Berühren eines anderen Menschen als positiv, als lustvoll und als normal erlebbar werden. „Den eigenen Körper neu zu entdecken, das ist oft Voraussetzung für mehr Selbstbewusstsein und das wiederum hilft dabei, unter den erschwerten Bedingungen einer Behinderung Beziehungen zu bekommen und zu erhalten" (Sandfort 2002b, 64).

"Je schwerer ein Mensch behindert ist, desto reduzierter sind die Außenkontakte und desto mehr erfährt er menschliche Nähe in den besonders häufig nötigen Pflegesituationen" (AG Sexualität und Behinderung 1996, 10). Dass es aber auch darum geht, „Lust zu leben, den eigenen Körper als Ort der Lust zu realisieren" (Vernaldi 2002b, 7) und ein positives Körperbild und ein Körperschema aufzubauen um Identität zu entwickeln, macht Sexualbegleitung nötig. Ebenso spielt eine Rolle, dass es nicht im Aufgabenbereich des Betreuungspersonals liegt, aktive Sexualbegleitung zu leisten, dass aber dennoch Möglichkeiten sexueller Erfahrungen geschaffen werden müssen.

2.4.3.2 Sexualbegleitung und Geschlechtlichkeit

Sexualität spricht neben der Körperlichkeit auch die Geschlechtlichkeit des Menschen, d.h. seine Identität als Mann oder Frau an. Hier wirkt sich vor allem die Rollenzuschreibung als prägend aus[30]. In der Definition nach Sporken ist das Frau- und Mannsein ein Bereich der Sexualität. Menschen mit Behinderung werden in ihrer Rolle häufig irgendwo zwischen den Geschlechtern, als geschlechtslose Wesen angesiedelt, Mann- und Frausein wird ihnen in vielen Situationen abgesprochen. Im Bezug auf Sexualbegleitung wird das Problemfeld Geschlechtlichkeit in erster Linie ein Aufgabenfeld der passiven Sexualbegleitung darstellen, wo es zunächst einmal um die Annahme des Menschen mit geistiger Behinderung als Frau oder Mann gehen muss. Die Wohnsituation gerade in Einrichtungen bringt „Schwierigkeiten der Integration in den Bereichen, die für die Reifung der Geschlechtlichkeit von Bedeutung sind [mit sich], z. B. unvollkommenes Erleben familiärer Verhaltensmuster, Störungen der Entwicklung der eigenen Identität und Erwerb erforderlicher Wertvorstellungen; Gesichtspunkte sind auch Begrenzung der Partnerschaftserfahrung, mangelnde Möglichkeit des Sich-zurückziehens, Einschränkung und Einengung des Erlebnis- und Erfahrungsraumes" (Stöckmann 1986, 44). Mann- und Frausein bezieht sich aber nicht nur auf den äußeren Bereich nach Sporken, auch wenn die Verwirklichung einer in diesem Zusammenhang „normalen" Sexualität wohl hier sozusagen beginnt. Alle Bereiche der Sexualität wirken aufeinander ein und haben ihre Berechtigung. Sich als Mann und Frau auch in intimen Situationen zu erleben, egal ob innerhalb klischeehafter Zuschreibungen oder weit ab von solchen „Konventionen", verwirklicht auch den „Wunsch, sich (wieder) einmal als richtiger Mann, bzw. richtige Frau zu fühlen" (Vernaldi 2002b, 7). Andere Aspekte der aktiven Sexualbegleitung können z.B. darin liegen einem Paar dabei zu helfen, sich lustvoll zu berühren, wenn es darum bittet und Hilfe

---

[30] Dies wird deutlich in der Unterscheidung zwischen gender role (physiologische Ausprägung der Geschlechtlichkeit) und sex role (soziologische Ausprägung) (vgl. Schmitz 2001, 386).

braucht, oder den Umgang mit dem anderen Körper zu lernen und für den Partner als angenehm zu gestalten und das Wissen um seine Reaktionen zu erlangen. Ein weiterer Faktor betrifft in erster Linie die gender role, wenn es darum geht geschlechtsspezifische Möglichkeiten der Masturbation zu erläutern. Auch hier würde der Aufgabenbereich der BetreuerInnen überschritten werden.

Im obigen Zitat von Sandfort ist bereits angeklungen, dass Sexualbegleitung die Voraussetzung für eine gelungene Beziehung dadurch schaffen kann, dass der Mensch mit geistiger Behinderung dabei seinen Körper positiv erlebt und somit mehr Selbstvertrauen gewinnt. Selbstvertrauen in Bezug auf Partnerschaften benötigt auch das Wissen um die Wirkung auf das andere Geschlecht (zumindest bei heterosexuellen Menschen) und den angemessenen Umgang mit auftauchenden Gefühlen ihm gegenüber.

Voraussetzungen für Partnerschaften liegen eben nicht nur in räumlichen Dingen, die Tatsache, sich eine Partnerschaft zuzutrauen, auf das andere Geschlecht überhaupt einmal zuzugehen, benötigt Mut und Selbstvertrauen, auch in der Rolle als Mann oder Frau. Gerade Partnerschaften bringen wichtige Erfahrungen für Menschen und ganz besonders für Menschen mit geistiger Behinderung, da die Qualität dieser Beziehung eine wesentlich andere ist als die in professionellen Verhältnissen zu BetreuerInnen und auch SexualbegleiterInnen. In (heterosexuellen) Partnerschaften werden die Rollen als Mann und Frau besonders zum Tragen kommen. „Diese Erfahrung bedeutet für ihn [den Menschen mit geistiger Behinderung; M.K.], ein großes Stück weit Ich-Identität zu erlangen, denn zur Identität gehört immer auch die Identität der Geschlechterrolle als Mann oder Frau" (Walter 1986, 26). „Für das Leben von erwachsenen Menschen ist eine Partnerschaft [...] 'Normalität'; in ihr findet die individuelle geschlechtliche Identität ihren Ausdruck" (Wacker 1999, 1).

„Dadurch erhält Sexualität für Behinderte eine zusätzliche Bedeutung: Den Beweis zu erbringen, ein 'normaler' Mann bzw. eine 'normale' Frau zu sein und von anderen ebenso als 'vollwertig' akzeptiert zu werden" (Walter 1980, 250).

2.4.4 Sexualbegleitung kann sich positiv auf das Verhalten von Menschen mit geistiger Behinderung auswirken

Menschen mit geistiger Behinderung zeigen immer wieder Verhaltensformen, die sich in aggressivem Verhalten gegen sich und andere äußern, oder Formen annehmen, die wir als unangepasst interpretieren. Solche Verhaltensformen können unter Umständen Ausdruck originär anderer Intentionen sein, z.B. weil nur so der eigene Körper erlebt werden kann, genauso können sie darauf deuten, dass bestimmte Bedürfnisse nicht befriedigt werden können (vgl. Dank 1993, Bader 1981). Auch die Unterdrückung sexueller Bedürfnisse kann aggressive Verhaltensweisen zur Folge haben (vgl. Senckel 1998, 177) und die Befindlichkeit beeinflussen[31]. Menschen mit geistiger Behinderung fallen aber in ihrem Verhalten auch deshalb auf, weil sie gesellschaftlich anerkannte Umgangsformen nicht erlernt haben. Nina de Vries schreibt in Bezug auf den körperlich, biologischen Aspekt: „Es entsteht irgendwann Druck im Körper. Wir haben Hormone. Unser Körper ist so gebaut. Es gibt Menschen die sich nicht selber berühren oder befriedigen können, weil sie körperlich nicht dazu in der Lage sind oder vom Verständnis her blockiert sind. Diese Unbefriedigtheit/Druck oder Sehnsucht kann sich dann in Wut oder Aggression verwandeln" (de Vries 2002e). Auch andere Schilderungen belegen die Aussage, so etwa die über die Äußerung einer Mutter eines 17-jährigen Jugendlichen mit Down-Syndrom: „Tim geht, wenn er aus der Werkstatt nach Hause kommt, stets zunächst in sein Zimmer, legt sich auf den Teppich und fängt an zu rütteln, zu stoßen, er macht beischlafähnliche Bewegungen. Mir ist klar, dass Tim sexuell erregt ist und sich befriedigen will, aber offensichtlich weiß er nicht, wie das geht. Schließlich bleibt er mit knallrotem Gesicht, atemlos, völlig verschwitzt erschöpft liegen. Noch eine ganze Weile danach ist er schlecht gelaunt" (Pro familia 1998, 12). In einem Interview berichtet die Gestalttherapeutin Ruth Terrinde auf die Frage, wie es kam, dass sie die Notwendigkeit der Sexualbegleitung für einen ihrer Klienten, der starke autistische Züge hat, feststellte, dass sie einen „Starken Zusammenhang gesehen [habe] zwischen seiner Aggression [...] und dem Wunsch nach körperlicher Nähe, sexueller Nähe zu Frauen" (Terrinde zitiert nach de Vries 2002d, 1), sie stellte auch fest, dass er „z.B. aggressives Verhalten immer nachdem er versucht hat zu onanieren" (ebd.) zeigte. Da sie als Gestalttherapeutin keine sexuellen Kontakte ermöglichen kann, hat sie ihrem Klienten Besuche bei der Sexualbegleiterin Nina de Vries ermöglicht.

Aus der nur in sehr geringem Umfang vorhandenen Literatur zum Thema Sexualbegleitung geht hervor, dass Sexualbegleitung, sei sie passiv oder aktiv, Einfluss auf solches Verhalten und die allgemeine Befindlichkeit von Menschen mit geistiger Behinderung haben kann. Dies wird ebenfalls in Erfahrungsberichten deutlich. So schreibt z.B. Müller: „Bei den Bewohnerinnen und Bewohnern ist durch die Begleitung und die individuelle Anwendung ihrer persönlichen Hilfsmittel eine Offenheit und Natürlichkeit entstanden, die sich als Entspannung in den unterschiedlichsten Lebensbereichen wiederfindet. Wir

---

[31] vgl. Kapitel 1.4 Die Sexualität von Menschen mit geistiger Behinderung – eine behinderte Sexualität!

stellen eine erkennbare Verminderung der (Auto-)Aggressionen, Hysterien, Depressionen und der alltäglichen Verstimmungen fest" (Müller 2002, 18). Auch über den oben erwähnten jungen Mann mit autistischem Verhalten berichtet seine Gestalttherapeutin: „Ich sehe ein ganz klares zurückgehen von Aggression. Er zeigt viel weniger Aggressionen und schon gar nicht im Zusammenhang mit dem Versuch zu onanieren. [...] Es ist insgesamt so, dass er viel ruhiger geworden ist" (de Vries 2002d,2).

Sexualbegleitung kann gerade Menschen mit geistiger Behinderung, die keine andere Möglichkeit haben, sich sexuelle Befriedigung zu verschaffen eine große Hilfe sein. Von AnbieterInnen wird in diesem Zusammenhang aber auch angesprochen, dass es ein großes Problem ist, dass die Bedürftigkeit meistens erst dann erkannt und wahrgenommen wird, wenn Probleme entstehen. In erster Linie erst dann, wenn das Verhalten für das Betreuungspersonal nicht mehr tragbar wird. Sexualbegleitung kann in solchen Fällen sicherlich hilfreich sein, in erster Linie sollte sie aber als Möglichkeit der Befriedigung und deshalb als selbstverständlich gesehen werden. Dies appelliert wieder an die Offenheit und Feinfühligkeit von Betreuungspersonal und Eltern, sexuelle Bedürfnisse wahrzunehmen, sich mit Äußerungsformen auseinander zu setzen und Sexualität grundsätzlich zuzugestehen.

2.4.5 Die Möglichkeit der BetreuerInnen und Eltern, Sexualität zu ermöglichen hat Grenzen

Schon an mehreren Stellen wurde die Situation Erwachsener mit geistiger Behinderung in Wohneinrichtungen und Heimen geschildert, der Großteil der Menschen mit geistiger Behinderung lebt aber bei den Eltern, auch im Erwachsenenalter. In wieweit ihnen ein Ausleben der eigenen Sexualität dort möglich ist, hängt noch mehr von der Einstellung der Eltern ab, da diese sich nur nach den eigenen Wertvorstellungen und Erfahrungen richten können und keine Stütze bzw. Argumentationsgrundlage in Form einer Konzeption haben. Auch das Leben im Haushalt der Eltern stellt strukturelle Probleme vor allem auch in der Möglichkeit Kontakte zu knüpfen. Für Eltern stellt sich aufgrund der Eltern-Kind-Beziehung die Gestaltung der aktiven Hilfestellung im Bereich Sexualität schwierig dar und gerade hier werden die Grenzen deutlich, die durch die Beziehung zum betroffenen Menschen in der Sexualbegleitung erreicht werden, weshalb Eltern und BetreuerInnen Unterstützung von Außenstehenden benötigen.

An dieser Stelle soll noch einmal darauf eingegangen werden. Dabei soll nicht der Eindruck entstehen, dass SexualbegleiterInnen jegliche Form von Sexualpädagogik oder Umstrukturierungen hin zu einer normalisierten Lebensmöglichkeit, die auch der Sexualität ihren nötigen Platz gibt, und damit auch die Pflicht und die Verantwortung von Betreuungspersonal und Eltern der Sexualität der Menschen mit geistiger Behinderung gegenüber, hinfällig machen. Damit würde ein breites Spektrum an Möglichkeiten für ein erfülltes (Sexual-) Leben ausgespart und übergangen werden und auftretende Probleme nicht beseitigt, sondern eine Art Symptombekämpfung vorgenommen werden. Die Situation in Heimen und das gemeinsame Leben mit einem erwachsenen Kind spricht zunächst Betreuer und Eltern an, die ihren Beitrag zur Entwicklung der Sexualität an aller erster Stelle leisten müssen.

Gerade das Leben in Heimen weicht vom alltäglichen Leben erwachsener Menschen in vielen Gesichtspunkten ab. Der Mensch als soziales Wesen verbringt im Erwachsenenalter sein Leben in der Regel in einer eigenen Familie, er gestaltet seinen Wohnraum, seine Beziehungen, seine Arbeit und Freizeit weitaus selbstständig und unabhängig. Menschen in Heimen haben diese Freiheiten selten, je stärker sie beeinträchtigt sind um so weniger. Einen dieser selbstgestalteten Lebensbereiche stellen Sexualität und Partnerschaft dar. Wacker stellte 1999 in einer Studie fest, dass in Wohneinrichtungen „zwischenmenschliche Beziehungen, auch intimer bzw. sexueller Art, [...] kaum noch abgelehnt [werden]" (Wacker 1999, 241) und zwar von Seiten der Heimleitung, als auch von Seiten der BetreuerInnen. Sie erkennt aber auch, dass der „'Teufel [...] hier immer im Detail' [steckt]" (ebd.) nämlich in den Haltungen und dem daraus resultierenden Verhalten den Bewohnern gegenüber, das sich etwa in Besuchsregelungen und in der Unterbringung in Mehrbettzimmern, die gerade bei schwerstbehinderten Menschen eher stationären als Wohncharakter aufweisen, widerspiegelt. „Eine typische Verhinderung von Sexualität oder sexuellen Situationen kann auch darin liegen, dass allein die Notwendigkeiten der pflegerischen Betreuung den Tagesablauf bestimmen. Hier ist aber, wo immer es geht, eine flexible Anpassung an die Bedürfnisse des Einzelnen gefordert" (AG Sexualität und Behinderung 2000, 5f). Schon genannt wurde auch die Schwierigkeit soziale Kontakte zu knüpfen, die Gestaltung der Pflegesituationen sowie die Tatsache, dass im Team meistens hauptsächlich Frauen arbeiten.

Die Anerkennung der Sexualität der BewohnerInnen und der eigenen (erwachsenen) Kinder mit geistiger Behinderung stellt die BetreuerInnen und Eltern oft vor schwierige Situationen. In erster Linie dann, wenn ihre eigenen Werte und Moralvorstellungen überschritten werden und gerade dann, wenn „Hand anlegen" erforderlich wird.

Wer also seinem Kind oder den Bewohnern Sexualität zugesteht, muss auch deren Verwirklichung und deren Ausleben – in Anlehnung an gesellschaftliche und zwischenmenschliche Normen und Regeln – ermöglichen. Dass Menschen mit Behinderung hier auf verschiedenste Hilfen angewiesen sind, stellt – verständlicherweise – solange kein Problem dar, bis Situationen eindeutig oder intim werden. Habe ich einmal das Bewusstsein erlangt, dass zum Beispiel das Tragen von Windeln über den ganzen Tag und die ganze Nacht hinweg, auch wenn es nicht immer unbedingt notwendig ist, Selbstbefriedigung eigentlich nicht zulässt und nehme z.b. einem jungen Mann die Windel ab. So kann ich nicht einfach wegschauen, wenn er sich etwa beim Masturbieren durch falsche Handgriffe verletzt, oder ihm das Masturbieren aufgrund etwa einer Spastik nicht möglich ist. So sagt auch Walter: „Wer A sagt zu aktiver Sexualpädagogik muss auch B sagen zur Sexualassistenz" (Walter 2001a, 12). Bollag weist darauf hin, dass „Enttabuisierung [...] noch keine Problemlösung" darstellt (Bollag 2002, 225), da mit der Akzeptanz einer aktiven Hilfe durch BetreuerInnen zahlreiche Probleme verbunden sind. Zum einen gilt es, nicht mit dem Gesetz in Konflikt zu kommen, das sexuelle Kontakte zu Schutzbefohlenen unter Strafe stellt. Obwohl das Gesetz hier sehr vage formuliert und aus pädagogischer Sicht eine „Sexuelle Handlung" anderen Charakter annimmt als vom Gesetzgeber bestimmt (vgl. Dank 1993, 128), besteht hier die erste Grenze einer aktiven Sexualbegleitung durch Betreuer. In erster Linie werden sich aber BetreuerInnen und Eltern mit ihren eigenen Gefühlen und ihren Moralvorstellungen auseinandersetzen und aufgrund derer ein „Handanlegen" ablehnen müssen. Diese Entscheidung muss akzeptiert und zugestanden werden. Des Weiteren stellt sich die Frage, ob es „für die Beziehung zwischen Bewohnern einer Einrichtung und Pflegepersonal förderlich [ist], wenn vom Pflegepersonal die direkte Form der Manipulation zur Befriedigung verlangt werden kann? Wie viele neue Abhängigkeiten entstehen? Und wenn [...] in so einem Fall Transparenz unter den Mitarbeitern gefordert wird, das heißt, dass im Team besprochen wird, wie und wer mit wem Manipulation vornimmt, damit sichergestellt ist, dass es zu keinen Missbrauchssituationen kommt, wo bleibt dann wieder die Intimsphäre der Bewohner? Es kann gerade bei schwergeistig behinderten Menschen notwendig sein, ihnen die Manipulation ihrer Geschlechtsteile und den Weg zum Orgasmus handgreiflich zu zeigen, um zu verhindern, dass sie sich verletzen. Es kann aber nicht von Mitarbeitern eingefordert werden, gegen ihre eigenen Gefühle und Tabus zu handeln" (Bollag 2002, 225). Die Tatsache, dass die Begleitung in sexuellen Fragen und Aktivitäten durch BetreuerInnen und Eltern Grenzen aufweist wurde auch schon unter dem Punkt „Wer sollte Hilfestellung leisten?" erörtert. Was aber heißt das für die Praxis? Dank, die sich grundsätzlich für „genitalsexuelle Maßnahmen" (Dank 1993, 129) bei schwerstbehinderten Schülern ausspricht, verdeutlicht die eine Seite der nötigen Aktivitäten, gerade dann, wenn man sich gegen aktive Hilfe ausspricht: „Bei einem erweiterten Begriffsverständnis beinhaltet Sexualität neben dem

Teilaspekt Genitalsexualität den weiten Bereich der *Leiblichkeit* als Körperwahrnehmung und -bewußtsein, das Erleben der Sinne, er umfasst *Emotionalität* und *Beziehung* als Kommunikation, Kontakt, Annehmen des Gegenübers in seiner spezifischen Eigenart" (ebd., Herv. i. Orig.). Hier würden „tausend Entfaltungsalternativen einer gestalteten Sexualität bei und mit Schwerstbehinderten zur Verfügung stehen. Diese können [...] auf ganz individuelle Weise gemeinsam mit ihnen [beschritten werden], ohne sofort an die Grenzen gesellschaftlicher Zustimmung oder an [...] [die] eigenen Barrieren zu stoßen" (ebd.). Für Menschen mit weniger starken Beeinträchtigungen sind Maßnahmen zu ergreifen, die Partnerschaften oder Bekanntschaften ermöglichen, seien es interne Änderungen oder die Öffnung nach „Außen". Gerade Menschen mit geistiger Behinderung, die bei ihren Eltern leben werden es hier schwer haben. Noch weniger als BetreuerInnen können Eltern auf eine professionelle emotionale Distanz zu ihren Kindern gehen und für und mit ihnen Dinge planen, besprechen und ausführen, die sie sonst nur mit ihrem Ehepartner teilen. Gerade hier ist eine offene Haltung und die Unterstützung durch Außenstehende erforderlich.

Erkennt man also die Bedürfnisse eines Menschen mit geistiger Behinderung, seine Genitalsexualität zu leben und ist sich seiner Hilfsbedürftigkeit auch in diesem Bereich bewusst, kann diese Hilfe aber nicht leisten, so darf die Reaktion nicht die sein, „Bis hierher und nicht weiter". Die Möglichkeit der aktiven Sexualbegleitung steht mittlerweile auch in Deutschland zur Verfügung. es geht dann also darum, den Kontakt zu SexualbegleiterInnen oder, wenn es der oder die Betroffene wünscht, zu Prostituierten oder Callboys aufzunehmen um Menschen mit geistiger Behinderung diese Erfahrungen zu ermöglichen. Einerseits stehen BetreuerInnen und Eltern zahlreiche – meist noch nicht in Erwägung gezogene – Möglichkeiten offen, Menschen mit geistiger Behinderung in ihrer Sexualität zu begleiten, Grenzen in ihrer Pflicht dazu sind aber andererseits sehr schnell erreicht und es ist nicht ihre Pflicht, diese Grenzen zu missachten. Hier kann aktive Sexualbegleitung durch Menschen von außerhalb des Heimes oder der Familie, die sich bewusst für diese Arbeit entschieden haben und die dadurch wesentlich mehr Möglichkeiten ausschöpfen können, den Menschen mit geistiger Behinderung angeboten werden.

2.5 Sexualbegleitung bei Menschen mit geistiger Behinderung – ein Versuch Gegenargumenten zu begegnen

Die vorher dargestellten Begründungen für eine Sexualbegleitung finden in Diskussionen inhaltlich Anklang und Zustimmung. Grundsätzlich scheint ein Bejahen der Sexualbegleitung für Menschen mit geistiger Behinderung und ein Erkennen deren Notwendigkeit gegeben zu sein, jedoch gibt es auch einige Gegenargumente, die berechtigt erscheinen, denen aber auch begegnet werden kann. Die kritischen Stimmen beziehen sich neben moralischen Bedenken auf rechtliche Gegebenheiten, die Frage der Missbrauchsgefahr, die Frage nach der Bezahlung und die eventuellen Schwierigkeiten von Menschen mit geistiger Behinderung, diesen Service als solchen zu erkennen und sich nicht in die SexualbegleiterInnen zu verlieben. Im Folgenden will ich versuchen, mich mit diesen Gegenargumenten auseinander zusetzen.

2.5.1 Die rechtliche Frage und die Frage nach der Gefahr des sexuellen Missbrauchs

Zunächst steht hier die Frage nach der Rechtswidrigkeit im Raum. BetreuerInnen, die aktive Sexualhilfe leisten bewegen sich noch immer am Rande des Gesetzes und im Hinblick darauf, dass Missbrauch in Einrichtungen für Menschen mit geistiger Behinderung keine Seltenheit darstellt, wäre es auch schwierig, die Gesetzeslage so zu ändern, dass Sexualbegleitung durch BetreuerInnen möglich[32] und gleichzeitig die Gefahr des Missbrauchs ausgeschlossen wird. Die einzige Möglichkeit, um Missbrauch durch BetreuerInnen zu unterbinden, oder vielmehr die Wahrscheinlichkeit zu schmälern, liegt in einer Teamöffentlichkeit und in einer Verankerung der aktiven Sexualbegleitung durch das Betreuungspersonal in der Konzeption der Einrichtung. Jedoch bleibt hier eine gewisse Gefahr bestehen und es gibt in der Fachliteratur Stimmen, die sich eindeutig dagegen wehren, Sexualbegleitung, auch nur in geringem Umfang, durch BetreuerInnen ausüben zu lassen: „Empfinden sie [die BetreuerInnen; M.K.] Lust, verwischen die Grenzen zum Missbrauch in den Einrichtungen. Missbrauch in Institutionen ist sowieso schrecklicher

---

[32] Hier spreche ich nicht aktive Sexualbegleitung in vollem Umfang, sondern z.B. die Unterstützung beim Erlernen der Anwendung von Hilfsmittel an. Auch wenn es Personen gibt die eine umfassende Sexualbegleitung durch Betreuungspersonal befürworten würden, habe ich oben schon geschildert, welche Gründe dagegensprechen.

Alltag und muss auch gesetzlich strengstens verboten werden. Mir reicht es nicht, wenn MitarbeiterInnen im Zweifelsfall eine vorherige Einwilligung des Abhängigen vorlegen können. Sexualität ist eben nicht so, wie Hilfe beim Essen" (Sandfort 2002b, 108). Ebenso ist die Teamöffentlichkeit ein enormer Eingriff in die Intimsphäre der betroffenen Person, der letztendlich hier aber in Kauf genommen werden muss. Ziel kann es sein, die Öffentlichkeit so klein wie möglich zu halten und die Informationen auf das Nötige zu beschränken. Andererseits wird evtl. auch der/die BetreuerIn Supervision oder Austauschpartner brauchen.

Der Gesetzgeber stellt, wie schon erwähnt, im Strafgesetzbuch unter § 174c „Sexueller Mißbrauch unter Ausnutzung eines Beratungs-, Behandlungs- oder Betreuungsverhältnisses" und im § 179 „Sexueller Mißbrauch widerstandsunfähiger Personen" „sexuelle Handlungen" unter Strafe, die an der entsprechenden Person (hier dem Menschen mit geistiger Behinderung) vorgenommen werden oder die der Täter durch diese Person an sich vornehmen lässt (vgl. Gesetzestext StGB). Die Formulierung „sexuelle Handlung" ist weitläufig zu interpretieren und so stellt sie zum einen Möglichkeiten für die konzeptionell festgelegte Sexualbegleitung durch BetreuerInnen dar, erweitert aber auch den Argumentationsspielraum im Falle eines tatsächlichen Missbrauchs. „Sicher ist, daß der Gesetzestext aus ganz anderen Erwägungen heraus zustande kam, als jenen Überlegungen, die wir Erzieher zum Thema Sexualität [bei Menschen mit geistiger Behinderung und insbesondere; M.K.] bei Schwerstbehinderten anstellen müssen" (Dank 1993, 128). Auch wenn es – in Anlehnung an das Kapitel „Wer sollte Hilfestellung leisten?" – für BetreuerInnen bei aktiver Sexualbegleitung nur um Anleitung geht, so bewegen sich BetreuerInnen auf der Grundlage des Gesetzes immer auf einem schmalen Grat hin zum sexuellen Missbrauch.[33]

Im Hinblick auf die rechtlichen Fragen hat sich mit dem Inkrafttreten des neuen Prostitutionsgesetzes am 01.01.2002 vieles geändert. Bis dahin bewegte sich auch die Sexualbegleitung durch ausgebildete Frauen und Männer in einer rechtlichen Grauzone. Vor dem Gesetz wurde und wird Sexualbegleitung, als Ausführung sexueller Handlungen gegen Bezahlung, eindeutig als Prostitution eingestuft. Geht man davon aus, dass Sexualbegleitung keine Therapieform sondern ein Abspaltung der Prostitution darstellt, so

---

[33] An dieser Stelle sei darauf hingewiesen, dass eine Änderung des Sexualstrafgesetzes zur Debatte steht Im veröffentlichten Entwurf für die Änderung steht: „Der strafrechtliche Schutz von Kindern und behinderten Menschen gegen sexuellen Missbrauch soll durch Schließung von Schutzlücken und – wo nötig – durch Strafverschärfung verbessert werden" (BMJ 2003, 1). Wesentliche Bestandteile sind hier der Wegfall minderschwerer Fälle, sowie ein Strafmaß von mind. einem Jahr in besonders schweren Fällen (vgl BMJ 2003, 2).

erscheint es logisch von rechtlicher Seite auch Gesetze im Hinblick auf Prostitution in die Debatte einzuschließen. Bisher lag eben genau hier der Knackpunkt und es scheint verständlich, wenn Institutionen als öffentliche Einrichtungen sich nicht in rechtlichen Grauzonen begeben wollen. Bis zum Inkrafttreten des Prostitutionsgesetzes war die rechtliche Lage für die Ausübung der Sexualbegleitung vor allem deshalb hinderlich, da „Prostitution in Deutschland nicht verboten, [...] aber rechtlich definiert [war] als 'sittenwidrige Tätigkeit`, die 'gegen das Anstandsgefühl aller billig und gerecht Denkenden verstößt`" (Schuren 2002c). Mit dem Tatbestand der Sittenwidrigkeit galten alle im Zusammenhang mit Prostitution abgeschlossenen Rechtsgeschäfte als nichtig[34], somit auch die Vereinbarungen mit SexualbegleiterInnen und deren Bezahlung. Durch diese Regelung tätigten die Klienten von SexualbegleiterInnen oder die gesetzlichen Betreuer die das Geld für den Service zur Verfügung stellten Geschäfte, die vor dem Gesetz nicht galten. Schuren stellt in Verbindung mit der alten Regelung § 180a StGB als eine weitere Grauzone für Sexualbegleitung folgendermaßen dar: „Eine Straftat liegt dann vor, wenn jemand 'seines Vermögensvorteils wegen einen anderen bei der Prostitution überwacht, Ort, Zeit, Ausmaß oder andere Umstände der Prostitutionsausübung bestimmt'. Die Vermittlung von sexuellen Dienstleistungen befindet sich in gefährlicher Nähe zur 'Förderung von Prostitution`" (Schuren, 2002c). Er betont aber auch, dass es auf den jeweiligen Juristen ankäme, ob er Sexualbegleitung der Prostitution zuordne oder nicht (ebd.). Bis zum Inkrafttreten des Prostitutionsgesetzes und der damit verbundenen Änderung des Strafgesetzbuches (vgl. Art. 2 ProstG: „Änderung des Strafgesetzbuches") bewegten sich Einrichtungen und Einzelpersonen von rechtlicher Seite aufgrund der Sittenwidrigkeit der Prostitution und der damit verbundenen Nichtigkeit der Rechtsgeschäfte und der Nähe zur „Förderung der Prostitution" also auf unsicherem Terrain.

„Da aber die Sittenwidrigkeit der Prostitution nunmehr durch gesetzliche Änderung ab 1. Januar 2002 entfallen ist, bestehen jetzt auch keine rechtlichen Barrieren für eine 'Sexualassistenz`" (Schuren 2003c). Nach Artikel 1 § 1 ProstG sind nun auch alle Rechtsgeschäfte in Verbindung mit Prostitution rechtswirksam.[35] Durch die in Art. 2 ProstG festgelegte Änderung des Strafgesetzbuches fällt auch die Nähe zur Straftat der

---

[34] § 138 Abs. 1 BGB: „Ein Rechtsgeschäft, das gegen die guten Sitten verstößt, ist nichtig."
[35] Vgl. Artikel 1: Gesetz zur Regelung der Rechtsverhältnisse der Prostituierten (Prostitutionsgesetz – ProstG); § 1 Sind sexuelle Handlungen gegen ein vorher vereinbartes Entgelt vorgenommen worden, so begründet diese Vereinbarung eine rechtswirksame Forderung. Das Gleiche gilt, wenn sich eine Person, insbesondere im Rahmen eines Beschäftigungsverhältnisses, für die Erbringung derartiger Handlungen gegen ein vorher vereinbartes Entgelt für eine bestimmte Zeitdauer bereithält.

„Förderung der Prostitution" weg, da § 180a StGB nun die „Ausbeutung von Prostituierten" unter Strafe stellt und damit eine eindeutigere Gesetzesgrundlage liefert.

Zumindest die Sexualbegleitung durch ausgebildete Frauen und Männer ist soweit rechtlich abgesichert, Bedenken in diese Richtung dürften also nicht mehr gegen die Sexualbegleitung bei Menschen mit geistiger Behinderung sprechen.

Immer noch gibt es aber moralische Bedenken und auch hier die Frage nach der Gefahr des sexuellen Missbrauchs. Diesen immer völlig auszuschließen ist wohl nicht möglich. Aber: Im Bereich der Sexualbegleitung arbeiten Frauen und Männer, die sich bewusst für diesen Bereich der Prostitution entschieden haben. Zum einen sind es „ganz normale" Prostituierte, die sich durch Gespräche auf ihre KundInnen einstellen, zum anderen Frauen und Männer, die sich durch eine Art Aus- oder Weiterbildung spezialisiert haben. Meist werden SexualbegleiterInnen über Agenturen, Beratungsstellen, Arbeitskreise oder andere Organisationen vermittelt. Diese haben ständig Kontakt zu den AnbieterInnen, wählen sie sorgfältig aus und bieten ständige Supervisionen. Matthias Vernaldi von sexybilities in Berlin, einer Sexualberatungsstelle für Menschen mit Behinderung schreibt dazu: „Ich verfüge über Kontakte zu Anbieterinnen und Anbietern sexueller Dienstleistungen und zur Hurenselbsthilfe Hydra. Ich weiß, dass sie gegenüber Behinderungen keine Berührungsängste haben. Wenn es vom Klienten gewünscht wird, z.B. bei einer Sprachbehinderung und bei anderen Kommunikationsproblemen, führe ich Vorgespräche. Die Prostituierten können sich bei auftretenden Problemen mit uns beraten; ihre Kunden, die sie auf unsere Empfehlung hin kontaktiert haben, selbstredend auch" (Vernaldi 2002b, 7). Frauen und Männer die an einer Ausbildung zum/zur SexualbegleiterIn des ISSB Trebel teilnehmen wollen müssen sich einem persönlichen Bewerbungsgespräch mit den Ausbildern unterziehen und in ihrem Bewerbungsschreiben ihre Motivation zur Teilnahme erläutern (vgl. Sandfort 2002, 77). Auch das Gremium „Sexualität und Partnerschaft für Menschen mit Behinderung" von der Sexualberatungsstelle (SBS) München bietet seinen SexualbegleiterInnen ständige Supervisionen an (vgl. Achilles 2002). Außerdem stehen viele SexualbegleiterInnen zudem in Kontakt mit den Eltern oder BetreuerInnen ihrer KundInnen: Auch hier stellt sich die Frage nach der Intimsphäre der Menschen mit geistiger Behinderung, da aber SexualbegleiterInnen in einem anderen Beschäftigungsverhältnis und in keiner Abhängigkeit gegenüber der Einrichtung stehen, entsteht hier keine Informationspflicht, sodass der Austausch nicht etwa über Art und Ablauf des Treffens stattfinden, oder intime Dinge der KundInnen beinhalten muss. Abgesehen davon ist gerade bei Menschen mit schweren Behinderungen ein Kontakt zu Betreuungspersonal oder Eltern auch nötig um bestimmte Dinge vor einem Kennenlernen oder eine kurze Zeit später zu klären und darüberhinaus etwa um etwas über die Reaktionen des Kunden zu erfahren. Oft können Menschen mit Behinderung auch den Kontakt nicht selbst herstellen oder brauchen anderweitig Unterstützung im Kontakt zu den SexualbegleiterInnen. Carla S., Sexualbegleiterin bei der SBS in München, beschreibt das so: „Ich gebe den Betreuern, manchmal auch den Eltern, ein Feedback über mein Zusammentreffen mit dem Klienten – immer wenn mir etwas auffällt, das die Pfleger oder die Angehörigen wissen sollten. Einen Loyalitätskonflikt sehe ich nicht. Was zwischen meinem Klienten und mir passiert, geht zu einem großen Teil nur uns etwas an" (vgl. Achilles 2002).

Die Tatsache, dass SexualbegleiterInnen eine Ausbildung erhalten haben oder dass sie über Organisationen vermittelt werden stellt keinen letztendlichen Garant dar, macht sexuellen Missbrauch aber sehr viel unwahrscheinlicher. Sexualbegleitung durch ausgebildete Personen bietet somit für Menschen mit Behinderung eine Möglichkeit, in geschütztem Rahmen sexuelle Dienstleistungen wahrzunehmen.

2.5.2 Die Frage nach der Finanzierung

Neben der Frage nach der rechtlichen Situation stellt sich auch immer wieder die nach der Finanzierung der Sexualbegleitung. Sexualbegleitung ist – genau wie die herkömmliche Prostitution – ein teurer Service und gerade im Hinblick auf die finanzielle Lage von Menschen mit geistiger Behinderung stellen Kosten von 80 – 100 Euro pro Stunde zuzügl. Fahrtkosten für die meisten eine nahezu unerschwingliche Preislage dar. So steht in der Debatte eine eventuelle Kostenübernahme durch Krankenkassen, Pflegekassen oder Sozialhilfeträger einer Eigenfinanzierung gegenüber. Neben der Frage der Zuständigkeit, taucht dabei auch die Frage auf, in wieweit eine Übernahme der Kosten auch einen zusätzlichen Sonderweg im Bereich der Menschen mit Behinderung abstecken würde. „Unter dem Aspekt der Normalisierung der Lebensbedingungen behinderter Menschen sind letztlich alle Sonderwege problematisch [...], da sie die gesellschaftliche Integration der Menschen mit Beeinträchtigungen erschweren" (Walter 2001a, 37). Maßnahmen im Zuge der Normalisierung stellen letztendlich an den Menschen mit Behinderung Anforderungen. Seine besondere Lage stellt aber in unserer Gesellschaft eine Lebensweise dar, die von Benachteiligung geprägt ist und so kann eine Argumentation oder Forderung im Sinne der „Normalität" nicht bei dem Eingeständnis gleicher Rechte und Pflichten beendet sein.

2.5.2.1 Eigenfinanzierung der Sexualbegleitung über den persönlichen Barbetrag (sog. Taschengeld) oder sonstiges Vermögen

Man könnte im Zusammenhang mit der Finanzierung der Sexualbegleitung in Orientierung an der „Normalität" die oben schon einmal genannte Argumentation als Basis nehmen: In unserer Gesellschaft haben Menschen, die keinen Sexualpartner haben drei Möglichkeiten darauf zu reagieren: sie leben enthaltsam, sie befriedigen sich selbst oder sie nehmen die Dienste von Prostituierten oder Callboys in Anspruch. Die ersten beiden Wege bergen für nichtbehinderte Menschen zunächst keine besonderen Schwierigkeiten (außer etwa moralische bei der Masturbation), wohingegen das in Anspruch nehmen sexueller Dienstleistung (neben dem moralischen) auch ein finanzielles Problem darstellt. Dies führt dazu, dass man sich den Service schlichtweg nicht leisten kann und dass der Bordellbesuch letztendlich auch von der sozialen Stellung abhängt. Die Möglichkeit, die oben genannten Wege zu gehen, muss auch Menschen mit geistiger Behinderung offen stehen. Dies birgt aber auch für sie die Schwierigkeit der Finanzierung, so dass sich nicht jeder Mensch mit geistiger Behinderung Sexualbegleitung leisten kann. In Orientierung an den Gegebenheiten unserer Gesellschaft wäre das ein Stück weit „Normalisierung".

Hier die Argumentation abzubrechen würde der Situation von Menschen mit geistiger Behinderung nicht gerecht werden, denn ihre finanzielle Lage ist aufgrund ihrer Möglichkeiten auf dem Arbeitsmarkt und aufgrund der diskriminierenden Regelung der Bezahlung in Werkstätten für behinderte Menschen eine äußerst schlechte. Der gesetzlich festgelegte Mindestlohn von 67 Euro (vgl. Bieneck/Engelmeyer/Wendt 2002) für Mitarbeiter mit Behinderung kann durch einen Steigerungsbetrag aufgestockt werden. Dieser berechnet sich nach einem von der jeweiligen Werkstatt erarbeitet Punktesystem (ist also für die gleiche Arbeit nur innerhalb einer Werkstatt gleich) in Anlehnung an z.B. die Arbeitsleistung, die Fähigkeiten und das Arbeitsverhalten, sowie an das Arbeitsergebnis im Sinne § 138 SGB IX (vgl. Werkstättenverordnung §12; Bieneck/Engelmeyer/Wendt 2002), das heißt im Zusammenhang mit der Wirtschaftlichkeit der WfbM von dieser aufgestockt werden. Da jede WfbM für die Bezahlung aller Entgelte 70 Prozent ihres Arbeitsergebnisses zur Verfügung hat (vgl. ebd.), können Steigerungsbeträge nur dann bezahlt werden, wenn alle Grundlöhne ausgeglichen sind. Die niedrigen Löhne bewirken, dass das verdiente Geld für die Begleichung der laufenden Kosten (wie Heimunterbringung, Pflege, ...) in der Regel nicht ausreicht und das Sozialamt den Rest übernehmen muss. Für den Menschen mit geistiger Behinderung, der im Heim lebt, bedeutet das, dass ihm zum Eigenbedarf nur das durch § 21 BSHG Abs. 3[36] geregelte, sog. Taschengeld, der persönlicher Barbetrag zur Verfügung steht (vgl. Heesch 2003). Die Höhe des Taschengeldes beträgt laut BSHG „30 vom Hundert des Regelsatzes eines Haushaltsvorstandes" und kann um zusätzlich 5 vom Hundert seines Einkommens, höchstens aber 15 vom Hundert des Regelsatzes erhöht werden, wenn der Betroffene einen Teil der Unterbringungskosten selbst trägt (vgl. § 21 BSHG Abs. 3). In Bayern beträgt der Regelsatz eines Haushaltsvorstandes 284 Euro (vgl. Bahnversicherungsanstalt 2002), somit würde sich das Taschengeld auf mind. 85,20 Euro und höchstens 127,80 Euro belaufen und wird in der Regel an die betreffende Person selbst überwiesen (vgl. Heesch 2003). Über den persönlichen Barbetrag können Menschen mit geistiger Behinderung auch wenn ein gesetzlicher Betreuer die Vermögenssorge für weiteres Kapital übernommen hat und sie als geschäftsunfähig eingestuft wurden, in eigener Verantwortung selbst verfügen[37]. Das heißt, sie bestimmen tatsächlich selber, was sie sich von IHREM Geld leisten[38], ohne Rechenschaft ablegen zu müssen. Aus pädagogischer Sicht würde das bedeuten, den Menschen mit Behinderung auch hier ein Angebot der Hilfe zu geben, ihn zu begleiten, die Entscheidung aber letztendlich ihm zu überlassen und ihn bei der Durchführung seiner Pläne dann wieder dort zu unterstützen, wo er darauf angewiesen ist.

Menschen mit geistiger Behinderung haben laut Rechtslage also im Rahmen ihres persönlichen Barbetrages und evtl. angesparten Geldes die Möglichkeit, die Dienste von SexualbegleiterInnen anzunehmen. Wie in vielen Bereichen erschweren allerdings Rahmenbedingungen die Umsetzung in die Praxis und es muss auch deutlich sein, dass in diesem Fall der Mensch mit geistiger Behinderung aufgrund der hohen Kosten der Sexualbegleitung auf weitere Freizeitgestaltungen, Unternehmung und Ausgaben (sei es für Genussmittel, Zeitschriften, Hobbys...) verzichten muss.

---

[36] § 21 BSHG Abs. 3: „Die Hilfe zum Lebensunterhalt in einer Anstalt, einem Heim oder einer gleichartigen Einrichtung umfaßt auch einen angemessenen Barbetrag zur persönlichen Verfügung, es sei denn, daß dessen bestimmungsmäßige Verwendung durch oder für den Hilfeempfänger nicht möglich ist."

[37] Aber: „Auch die Verwaltung des persönlichen Barbetrags nach dem BSHG (sogenanntes Taschengeld) bei Personen, die in Heimen und Anstalten leben, kann zur Vermögenssorge gerechnet werden (so auch OLG Köln 16 Wx 172/92, Beschluss vom 25. 11. 1992, DAvorm 93, 347)" (Deinert 2002), was oft bei Menschen mit schweren geistigen Behinderungen der Fall ist. Auch kann der ges. Betreuer Teile der Vermögensverwaltung auf Dritte übertragen, was dazu führt, dass die Einrichtung oder einzelne BetreuerInnen die Verwaltung übernehmen und BewohnerInnen doch wieder Rechenschaft ablegen müssen.

[38] Übernehmen Heime oder Betreuungspersonal die Verwaltung des Geldes, so führt das aber häufig doch wieder dazu, dass BewohnerInnen in Form von Kassenbelegen Rechenschaft über Verwendungszweck und Höhe der Ausgabe ablegen müssen.

Da der zur Verfügung stehende persönliche Barbetrag aber in den wenigsten Fällen ausreichen wird, besteht die Möglichkeit den Service über das Vermögen zu finanzieren, das in der Regel von gesetzlichen BetreuerInnen verwaltet wird. Hierzu müssen diese konsultiert und eine Einwilligung eingeholt werden. Die Aufgaben der BetreuerInnen sind im Betreuungsrecht geregelt, das zum 01.01.1992 geändert wurde und jetzt einen größeren Schwerpunkt auf die Wünsche der betreuten Person legt und die Sichtweise des Betreuers etwas in den Hintergrund rückt. Deinert beschreibt die Änderung wie folgt: „In die Rechte des Betreuten soll nur soweit als zu seinem Wohl unumgänglich eingegriffen und auch ein gewisses Recht auf abweichenden Lebensstil, auf 'Verwirrtheit' zugestanden werden" (Deinert 2002) und „Wünsche des Betreuten sind künftig vom Betreuer zu beachten und gehen den Auffassungen des Betreuers grundsätzlich vor" (ebd.)[39]. Für die Sexualbegleitung würde das bedeuten, dass gesetzliche Betreuer den Wunsch der Betreuten ihre sexuellen Bedürfnisse auf diesem Weg zu befriedigen nachkommen müssen, und nicht aufgrund etwa moralischer Bedenken ablehnen können, es sei denn die Grundversorgung des Menschen mit Behinderung wird durch zu hohe Ausgaben gefährdet.

Wie immer stellen solche Regelungen gerade für Menschen mit schweren Behinderungen und für nichtsprechende Menschen aufgrund von Auslegungsmöglichkeiten, wie sie Formulierungen wie „dem Wohl entsprechend" oder „angemessen" bieten, in der Praxis auch eine Hürde dar. Die Entscheidungen über die Zusage der Gelder werden auch gesetzliche BetreuerInnen vor dem Hintergrund ihrer eigenen Ansichten und Erfahrungen über Sexualität treffen. Letztendlich ist auch nicht zu leugnen, dass Äußerungen von Menschen mit schweren Behinderung oft nicht eindeutig und nur schwer zu deuten sind und in gewissen Fällen Skepsis auch zu einer intensiveren Auseinandersetzung führen kann.

Sexualität als Grundbedürfnis ist im Betreuungsrecht nicht explizit angeführt. Zu Finden ist sie hier wenn dann eher im negativen Sinn, nämlich in der Regelung der Sterilisation (§ 1905 BGB) von Frauen (und auch nur von Frauen!). Überlegungen über eine Änderung der Formulierung oder sogar von Gesetzesgrundlagen wären hier angebracht, was auch Sandfort in seiner Forderung nach einer Änderung der Lohnzahlung in Werkstätten für behinderte Menschen als Grundlage für die Finanzierung der Sexualbegleitung verdeutlicht (vgl. Sandfort 2002b, 112ff). Das Überdenken des Lohnsystems in Werkstätten wäre ohnehin logischer Teil der Normalisierungsbewegung, denn „Normalisierung bedeutet,

---

[39] Vgl. § 1901 BGB Abs. 2: „Der Betreuer hat die Angelegenheiten des Betreuten so zu besorgen, wie es dessen Wohl entspricht. Zum Wohl des Betreuten gehört auch die Möglichkeit, im Rahmen seiner Fähigkeiten sein Leben nach seinen eigenen Wünschen und Vorstellungen zu gestalten."

übliche ökonomische Standards zu berücksichtigen, um Menschen mit geistiger Behinderung zu einem möglichst normalen Leben zu befähigen" (Nirje 1994, 25).

2.5.2.2 Finanzierung über Träger öffentlicher Hilfen

Neben der besonderen finanziellen Lage muss auch die besondere Lebenslage von Menschen mit geistiger Behinderung in der Diskussion über die Finanzierung berücksichtigt werden. Das Ausleben der eigenen Sexualität wird neben den strukturellen Faktoren z.B. auch durch Schwierigkeiten in der Verarbeitung von Eindrücken, durch fehlende Handlungsmuster, Schwierigkeiten in der Kommunikation oder körperliche Schädigungen erschwert oder verhindert, so dass es etwa zu Verletzungen beim Masturbieren kommt oder eine (sexuelle) Beziehung nicht möglich ist. Menschen mit geistiger Behinderung haben oft auch Probleme, mit anderen Menschen in einer Art und Weise Kontakt aufzunehmen, wie es in unserer Kultur üblich ist. Besondere Situationen erfordern besondere Maßnahmen, ohne dass diese von vorneherein stigmatisierend oder separierend wirken müssen.

Um Hilfe für Menschen mit geistiger Behinderung, denen das Befriedigen sexueller Bedürfnisse nicht möglich ist, oder die sich dabei selbst schädigen würden, zu gewährleisten, muss über externe Finanzierung nachgedacht werden.

Die Aspekte dieser Diskussion sind vielschichtig, gerade auch deshalb, weil in Finanzierungsfragen nicht nur SonderpädagogInnen, Betroffene oder deren Angehörige beteiligt sind. Die Frage danach, wo nun die Grenze zu einer Fremdfinanzierung liegt oder wie diese begründbar ist, wird von den Trägern öffentlicher Mittel anders bewertet werden, als von Menschen, die mit dem Problem in der Behindertenarbeit vertraut sind. Letztendlich scheint auch die Zuständigkeit selbst unter Fachleuten noch nicht geklärt zu sein, wie es aus einem Text von Schuren hervorgeht, in dem er den Präsidenten des Thüringer Landessozialamtes dahingehend zitiert, dass dieser eine Zuständigkeit „´vielmehr im Sozialhilferecht` [...] (AZ 1270E-I/2-8/02)" sähe, während der Präsident des Verwaltungsgerichtes Köln die Zuständigkeit „genau entgegengesetzt" sähe, indem laut ihm „´schwerpunktmäßig der Zuständigkeitsbereich der Sozialgerichte betroffen` (1276/3-02)" sei (Schuren 2003c).

Daneben gibt es ebenfalls die Diskussion über eine Finanzierung durch die Krankenkassen. „Sex auf Krankenschein" stößt aber aus einem ganz simplen Grund auf Widerstand: Die Sexualität der Menschen mit Behinderung ist nicht krank und Sexualbegleitung ist keine Therapie. Krankenkassen übernehmen Leistungen für Medikamente, Behandlungen und Hilfsmittel die durch die Attestierung eines Arztes aufgrund einer Krankheit oder anderen Umständen *medizinisch* notwendig sind. „Würden wir Behinderte solche Praktiken einfordern, müssten wir unsere Sexualität offiziell als krank bezeichnen und als krank bezeichnen lassen" (Sandfort 2002b, 113). Anders ist die Lage, wenn über die Verordnung von Medikamenten wie z.b. Viagra Abhilfe geschaffen werden kann, hier liegt die Zuständigkeit eindeutig bei den Krankenkassen. „In der Praxis sieht es momentan in diesen Fällen allerdings so aus, dass die Kassen eine Kostenübernahme zunächst ablehnen und erst nachdem die betreffende Person klagt einlenken. In einem von mir [Sozialberater Werner Schuren; M.K.] begleiteten Fall war die Techniker Krankenkasse, nachdem das Sozialgericht sie zur Kostenübernahme verurteilt hatte, in Revision gegangen, hat aber kurz vor dem Verhandlungstermin beim Bundessozialgericht diese wieder zurückgezogen und die Kostenerstattung bewilligt um keine Präzedenzfälle zu schaffen. Man muss hier bedenken, dass es sich beim Verhalten der Krankenkassen um eine Abschreckungsstrategie handelt. Da Verhandlungen beim Sozialgericht öffentlich sind und sich der oder die KlägerIn in dieser Verhandlung äußern muss, scheuen natürlich viele Versicherte diesen Weg, mit dem sie zu ihrem Recht kommen." (Schuren 2003e).

Das Bezirksamt Tempelhof-Schöneberg in Berlin, Abteilung Sozialwesen, Fachbereich 2 – Besondere Sozialhilfe genehmigte im August 2001 im Rahmen des § 36 BSHG die Kosten für Sexualbegleitung (vgl. de Vries 2002a). Die Genehmigung bezieht sich hier auf „die Kosten der **Sexualtherapie**" (ebd., Herv. i. Orig.), was im Widerspruch dazu steht, Sexualbegleitung als Ermöglichung sexueller Erlebnisse zu sehen und sich von einer defizitären Sichtweise abzuwenden und die Begründbarkeit wieder auf die Annahme von Therapiebedürftigkeit stützt. In einem Telefongespräch mit dem Fachbereich 2 – Besondere Hilfen des Bezirksamtes Tempelhof-Schöneberg (am 10.04.2003) stellte sich heraus, dass in diesem Fall die Kosten aufgrund einer hohen Verletzungsgefahr bei der Masturbation übernommen wurden. Auf eine grundsätzliche Übernahme der Kosten für Sexualbegleitung wollte man sich nicht festlegen, außer bei einer nachweisbar drohenden *gesundheitlichen Schädigung*. Die Finanzierung würde dann, unter der Voraussetzung, dass die betreffende Person nicht in einer Partnerschaft lebt, als therapeutische, psychosoziale Maßnahme genehmigt.

Die Zuständigkeit der Sozialhilfeträger scheint aber immer mehr im Vordergrund zustehen, da diese auch immer öfter den Anspruch auf finanzielle Unterstützung für Sexualbegleitung anerkennen. Werner Schuren führte im Jahr 2002 eine Umfrage an Sozialämtern, Verwaltungsgerichten, Krankenkassen und Sozialgerichten durch, wonach die Zuständigkeit der Kostenübernahme eindeutig bei den Sozialämtern im Zuge der Eingliederungshilfe liegt (vgl Schuren 2003e). „Eine solche Bereitstellung der Kosten wird nur genehmigt, wenn folgende Vorraussetzungen erfüllt werden:

1) Die Kostenübernahme muss grundsätzlich vorher beim Sozialamt beantragt werden.
2) Die Antragsteller dürfen nicht in Partnerschaft leben, sie müssen alleinstehend sein.
3) Die Antragsteller müssen nachweisen können, dass sie nicht in der Lage sind, anderweitig sexuelle Befriedigung zu finden" (ebd.).

Der letzte Punkt stellt dabei einen zentralen Punkt in der Argumentation der AntragstellerInnen dar. Vor allem auch deshalb, da dadurch eine Finanzierung aufgrund besonderer Aspekte der *Situation* behinderter Menschen möglich wird. Eine Finanzierung sollte gerade im Hinblick auf die Normalisierungsbestrebungen nicht allein an der Tatsache der geistigen Behinderung festgemacht werden, sondern eben auf die besondere Lebenslage die ein Ausleben der Sexualität aus unterschiedlichsten Gründen nicht ermöglicht zielen. Ausschlaggebend wird hier immer in erster Linie sein, dass der betroffene Mensch sich nicht selbst befriedigen kann. Wodurch auch Bedenken dahingehend ausgeräumt wären, dass Sozialhilfe Empfänger, die aufgrund ihrer Situation keinen Partner findet, oder Menschen die aufgrund finanzieller Schwierigkeiten, ihres äußeren Erscheinungsbildes oder anderer Umstände ihre Sexualität nicht in Partnerschaft leben können, Anspruch auf Finanzierung von Bordellbesuchen über die Sozialhilfe erheben könnten.

So wäre eine Argumentation allein aufgrund der §§ 3 und 12 BSHG nicht ausreichend, obwohl beide für die Finanzierung der Sexualbegleitung wichtig sind. § 3 regelt die „Sozialhilfe nach der Besonderheit des Einzelfalles" und stellt eine Orientierung an der Person und der persönlichen Lage der AntragstellerInnen sicher, ebenso heißt es in Abs. 2: „Wünschen des Hilfempfängers, die sich auf die Gestaltung der Hilfe richten, soll entsprochen werden, soweit sie angemessen sind." Eine Anforderung individueller Hilfe sollte somit gegeben sein. § 12 stellt eine Finanzierung des „notwendigen Lebensunterhaltes" sicher, der laut Abs. 1 auch die Befriedigung persönlicher Bedürfnisse umfasst. „Zu den persönlichen Bedürfnissen des täglichen Lebens gehören in vertretbarem Umfange auch Beziehungen zur Umwelt und eine Teilnahme am kulturellen Leben" (§ 12 BSHG Abs. 2), womit die Befriedigung sexueller Bedürfnisse im Zusammenhang mit obiger Argumentation eingeschlossen sein müsste.[40]

---

[40] Werner Schuren hat im Internet ein Argumentationsmuster zur Bereitstellung finanzieller Hilfen veröffentlicht, das im Anhang zu finden ist.

Wie Schuren betont geht es daneben auch um eine Darstellung der Anerkennung der Sexualität als Grundbedürfnis im Gesetz. Er sieht dies dadurch verankert, dass Sozialhilfeempfänger finanzielle Unterstützung bei der Beschaffung empfängnisverhütender Mittel erhalten. Dies ist zum einen niedergeschrieben im § 36 BSHG „Hilfe zur Familienplanung", wo es heißt: „Zur Familienplanung werden die ärztliche Beratung, die erforderliche Untersuchung und die Verordnung der empfängnisregelnden Mittel gewährt. Die Kosten für empfängnisverhütende Mittel werden übernommen, wenn diese ärztlich verordnet worden sind." Auch Kondome werden über „§ 1 der Regelsatzverordnung[41] zur Durchführung des § 22 BSHG, systematische Nummer 5 bis 8" (Schuren 2002a) als Teil des Regelbedarfs (§ 22 BSHG) anerkannt und von der Sozialhilfe übernommen. Für die Finanzierung der Sexualbegleitung tut dies auf den ersten Blick nichts zur Sache, kann aber Argumentationshilfe sein, wenn keine medizinische Indikation vorliegt, bzw. eine Argumentation aufgrund gesundheitlicher Schädigung ausgeschlossen werden soll.

Ausschlaggebend ist aber die Finanzierung über die Eingliederungshilfe, da eben die besondere Situation der Menschen mit Behinderung im Vordergrund stehen sollte. Insofern wäre eine Kostenübernahme nach einer Vorgabe wie Schuren sie darstellt im Bezug auf § 39 BSHG Abs 3 „Aufgabe der Eingliederungshilfe ist es, eine drohende Behinderung zu verhüten oder eine Behinderung *oder deren Folgen zu beseitigen oder zu mildern* und die behinderten Menschen in die Gesellschaft einzugliedern" (Herv. i. Orig.) gerechtfertigt. Hier spielen zwei Dinge eine Rolle: Bei der Sexualbegleitung wird die Bezahlung der Dienstleistung an sich, aber auch die Bezahlung von Hilfsmitteln nötig.

Die Übernahme der Kosten für Hilfsmittel stellt aufgrund einer klaren gesetzlichen Regelung keine Probleme dar. § 40 BSHG regelt die Art der Leistungen der Eingliederungshilfe, wonach nach Abs. 1 Nr. 2 die „Versorgung mit Körperersatzstücken sowie mit orthopädischen oder anderen Hilfsmitteln" geregelt ist. Diese Hilfsmittel dienen nach § 31 SGB IX („Hilfsmittel") Abs. 1 Nr. 3 dazu „eine Behinderung bei der Befriedigung von Grundbedürfnissen des täglichen Lebens auszugleichen, soweit sie nicht allgemeine Gebrauchsgegenstände des täglichen Lebens sind". Ebenso ist in § 55 Abs. 2 Nr. 1 die „Versorgung mit anderen als den in § 31 genannten Hilfsmitteln oder den in § 33 genannten Hilfen" gesichert. Die Übernahme von Kosten für Hilfsmittel (z.B. Erektionshilfen) zur Befriedigung des Grundbedürfnisses Sexualität sind also abgedeckt.

---

[41] Anm.: Die Regelsatzverordnung regelt Art und Umfang der über § 22 BSHG geltend zumachenden Hilfen.

Schwieriger wird es bei der Finanzierung der Dienstleistung. § 40 BSHG Abs. 1 schreibt fest: „Als Leistungen zur Teilhabe am Leben in der Gemeinschaft werden die Leistungen erbracht, die den behinderten Menschen die Teilhabe am Leben in der Gesellschaft ermöglichen oder sichern oder sie so weit wie möglich unabhängig von Pflege machen und nach den Kapiteln 4 bis 6 nicht erbracht werden." Nach Abs. 2 Nr. 8 zählen zu den Leistungen der Eingliederungshilfe „Leistungen zur Teilhabe am Leben in der Gemeinschaft nach § 55 des Neunten Buches Sozialgesetzbuch" wo es in Abs. 2 Nr. 7 heißt „Hilfen zur Teilhabe am gemeinschaftlichen und kulturellen Leben." Im oben erwähnten § 4 BSHG Abs. 1 Nr. 4 heißt es: „Die Leistungen zur Teilhabe umfassen die notwendigen Sozialleistungen, um unabhängig von der Ursache der Behinderung [...] die persönliche Entwicklung ganzheitlich zu fördern und die Teilhabe am Leben in der Gesellschaft sowie eine möglichst selbständige und selbstbestimmte Lebensführung zu ermöglichen oder zu erleichtern". Hier könnten als Argumentationsgrundlage die Auswirkungen der Sexualität auf die Persönlichkeitsentwicklung angebracht werden, genauso wie die Tatsache, dass Menschen mit Behinderung auch in Bezug auf sexuelle Aktivitäten und im Hinblick auf die Folgen einer Missachtung sexueller Bedürfnisse vom Leben in der Gemeinschaft ausgeschlossen werden. Werner Schuren schreibt dahingehend in seinem „Argumentationsmuster wegen Antrag auf Kostenübernahme einer Sexualbegleitung beim Sozialamt": „Eine Ablehnung der hierfür notwendigen Kostenübernahme durch den Sozialhilfeträger würde den Antragsteller letztlich zu einer Lebensweise zwingen, die ihn von der übrigen Gesellschaft und deren grundsätzlich gelebten Sexualität völlig ausschließen. Jede Person muss aber Gelegenheit haben, orientiert an dieser herrschenden Lebensgewohnheiten, insbesondere auch an der in der Gesellschaft grundsätzlich ausgelebten Sexualität, zu leben (Hofmann, a.a.O., § 12 Rdnr 4). Die Ablehnung der Kosten für sexuelle Dienstleistungen würden aber für den Antragsteller genau diesen Ausschluss aus der übrigen Gesellschaft bewirken, da dieser mangels anderer Befriedigungsmöglichkeiten völlig auf die Dienstleistungen einer Prostituierten angewiesen ist, um sein elementares Bedürfnis sicherstellen zu können. Somit entspräche die begehrte Leistung unzweifelhaft dem notwendigen Lebensunterhalt und die Verweigerung dieser Mittel würde ihm ein an den herrschenden Lebensgewohnheiten orientiertes Leben in unserer Gesellschaft verunmöglichen und das sei mithin rechtswidrig. (vgl. Hofmann, a.a.O., § 12 Rdnr 4).

Darüber hinaus geht die Befriedigung des sexuellen Bedürfnisses beim Antragsteller auch über die anzuerkennende Befriedigung derart hinaus, dass diese Bedürfnisbefriedigung auch einen therapeutischen Charakter zugunsten des Antragstellers darstellt. Die depressiven Phasen werden stark reduziert. Der Antragsteller würde entspannter, sowohl muskulär, körperlich als auch psychisch. Darüber hinaus würde eine sexuelle Befriedigung eine besondere Steigerung seines individuellen Lebensgefühles darstellen. Der Antragsteller würde sich als Mensch, aber auch als Mann aufgewertet fühlen und sähe sich anderen Männern gegenüber wegen seiner nunmehr ebenfalls aktiv gelebten Sexualität gleichgestellt und damit in die Gesellschaft integriert. Dies entsprich der Zielsetzung der §§ 39,40 BSHG, nach den der Sozialhilfeträger Eingliederungshilfe zu gewähren hat" (Schuren 2002a)[42].

Da Anträge beim Sozialamt mittlerweile bewilligt wurden, wird es in Zukunft auch einfacher sein zu argumentieren. Im Hinblick auf eine Finanzierung über öffentliche Mittel bleibt aber immer zu bedenken, dass die Bedürftigkeit grundsätzlich nachgewiesen werden muss. Der Menschen mit Behinderung muss glaubhaft beweisen, dass er nicht in der Lage ist ohne fremde Hilfe zu sexueller Befriedigung zu gelangen. Hierzu ist meist ein Attest des Amtsarztes nötig. Dies bedeutet für den Menschen mit Behinderung, dass er sein persönliches und in diesem Fall intimes Leben vor anderen offen legen muss.

Um einen Sonderweg für Menschen mit Behinderung zu vermeiden und weil sie in der Fremdfinanzierung eine Entmündigung der Menschen mit Behinderung sehen (vgl. Sandfort 2002b, 112) gibt es auch Personen die eine Finanzierung aus öffentlichen Kassen in jedem Fall ausschließen, und vorrangig für eine Änderung der Lohnzahlung plädieren. Die Lohnzahlung ohne tarifliche Bindung in Werkstätten für behinderte Menschen stellt tatsächlich einen Faktor dar, der der Normalisierung und Integration entgegensteht, allerdings sollte man auch bedenken, dass Möglichkeiten, Sexualbegleitung wahrnehmen zu können, schon jetzt geschaffen werden sollten. Mösler betont, allerdings in einer Diskussion über die Finanzierung über Krankenkassen, aber doch treffend, dass auch ein Mensch in schlechten sozialen Verhältnissen „nicht der Möglichkeit einer Finanzierung seiner Bedürfnisse beraubt werden" (Mösler, Podiumsdiskussion 2002, 30) sollte. So sollte jeder selbst entscheiden können, ob er die Möglichkeit einer Fremdfinanzierung wahrnehmen möchte oder nicht (ebd.).

Die Frage, inwieweit Sonderregelungen hilfreich sind oder letztendlich wieder einer Normalisierung und Integration entgegenwirken, darf in der Diskussion um die Sexualbe-

---

[42] Der Beauftragte der Bundesregierung für die Belange behinderter Menschen schreibt auf seiner Homepage: „Es sollte freilich nicht übersehen werden, dass Eingliederung nicht bei berufsfördernden Leistungen stehen bleiben darf. Soziale Eingliederung – also die Teilhabe am alltäglichen Leben *in allen seinen Facetten* [Hervorhebung M.K.] – ist Ziel für alle, ungeachtet einer beruflichen Tätigkeit. Genau genommen ist die soziale Eingliederung kein Teilbereich, sondern das übergeordnete Ziel aller Rehabilitationsmaßnahmen" (ebd. 2002[1]).

gleitung auch an anderen Stellen nicht vergessen werden und ist sicherlich gerechtfertigt. Bedenken muss man aber auch immer, dass gerade Menschen mit geistiger Behinderung eigentlich kein Mitspracherecht erhalten und dass in der Regel über sie statt mit ihnen diskutiert wird.

2.5.3 Die Frage nach der Problematik bezahlter Liebe – Der Wunsch nach Partnerschaft versus bezahlte Zärtlichkeit und Zuneigung

Sexualität als Kommunikation zwischen Menschen impliziert in verschiedensten Facetten neben dem Bedürfnis nach sexueller Befriedigung immer auch ein Bedürfnis nach Nähe, nach Zuneigung, nach Anerkennung und nach Liebe. „Jeder Mensch wünscht sich einen anderen Menschen der ihn versteht, um nicht allein zu sein auf dieser Welt. Das Zusammensein mit einem geliebten Menschen gehört zu den wichtigsten Dingen im Leben" (Schuren 2003a). Menschen mit geistiger Behinderung, vor allem die die in Einrichtungen leben, erfahren solche Zuneigung meist auf einer Ebene, die sich nicht konkret an sie als Person richtet, sondern aufgrund der Tatsache zustande kommt, dass das Personal diese Tätigkeit als Beruf ausübt. Beziehung stiften als Grundlage für diese Arbeit ist auch Ausdruck von echter Zuneigung, findet primär aber auf professioneller Ebene statt. Je stärker ein Mensch behindert ist, umso mehr ist er auf die Hilfe anderer angewiesen und umso mehr werden seine Kontakte zu anderen Menschen von dieser Hilfsbedürftigkeit geprägt sein und umso mehr werden auch zwischenmenschliche Berührungen und Zuneigung auf professioneller Ebene stattfinden. Sexualbegleitung, die ja nicht nur das schnelle Vergnügen, sondern sinnliche, lustvolle Erotik und Sexualität ermöglichen soll, lässt solche professionellen Kontakte noch intensiver und vor allem auch persönlicher werden. Für viele stellt sich hier die Frage, ob Menschen mit einer geistigen Behinderung in der Lage sind, diese Situation zu überschauen und verstehen können, dass die erfahrenen Momente ebenfalls auf der Grundlage einer bezahlten Begegnung basieren. Vernaldi schreibt, dass die meisten ihm bekannten Frauen und Männer, die als SexualbegleiterInnen arbeiten, dann eine Grenze setzen, wenn geistigbehinderte Menschen ihren Dienst beanspruchen wollen. „Möglicherweise liegt es daran, dass geistigbehinderten Kunden nicht zugetraut wird, zu ermessen, wie sich die Bedingtheiten eines solchen Kontaktes darstellen" (Vernaldi 2002b, 10).

Es kann nicht geleugnet werden, dass solche Situationen entstehen und es „ist schon problematisch genug und oft sehr schwierig, wenn sich nichtgeistigbehinderte Kunden verlieben" (ebd.). Die Frage liegt allerdings darin, ob dies einen Grund darstellt Sexualbegleitung nicht zu ermöglichen, oder ob es nicht Wege gibt mit dieser Situation umzugehen. Grundsätzlich ist dem Menschen mit geistiger Behinderung zuzutrauen, dass er/sie, wenn auch mit Hilfe anderer, mit dieser Situation umgehen kann.

„Sexualität ist das leibhaftige Medium, in dem Menschen sich suchen und finden, Gemeinschaft und Nähe einander gewähren und voneinander annehmen" (Schmidt 2002, 220), sie bedarf aber nicht zwingend Merkmalen, die der Liebe eigen sind (vgl. ebd.). Dabei muss von vorneherein klar sein, dass Sexualbegleitung kein Ersatz für Partnerschaft sein kann. „Wer damit seine Sehnsucht nach Liebe, Beziehung und Partnerschaft zu stillen sucht, ist schlecht beraten. Jede einseitige verklemmte Verliebtheit in die Verkäuferin vom Bäckerladen gegenüber oder in die Betreuerin ist einfacher zu handhaben als die Verliebtheit in eine Prostituierte (oder Sexualbegleiterin), in eine Person also, mit der man irrsinnigerweise erotische Nähe erlebt, aber zu der es keine umfassenden personalen Bezüge gibt und geben darf" (Vernaldi 2002b, 10). Die Verantwortung für das Gelingen solcher Begegnung liegt aber nicht nur bei den SexualbegleiterInnen und ihren KlientInnen, sondern auch beim Betreuungspersonal und bei den Eltern, die solche Begegnungen mitorganisieren und ermöglichen. Es geht um die Gestaltung der Situation davor und danach. Bettina M., Sozialpädagogin in einem Wohnheim für Menschen mit geistiger Behinderung, berichtet über einen 38jährigen Mann, der zum ersten Mal Besuch von einer Sexualbegleiterin hatte: „Als Klaus sich von Carla verabschiedet hatte, kam er gleich zu mir. Der Mann leuchtete direkt, so glücklich war er. 'So etwas habe ich noch nie erlebt`, erzählte er. 'In meiner Seele geht es mir jetzt so gut`. Das dicke Ende kam später. Abends saß er auf seinem Balkon und weinte. Ich fragte, was los sei. 'Ich glaube, ich habe mich verliebt`, sagte er. Ich habe mich dann zu ihm gesetzt und ihm erzählt, dass Carla für ihn gearbeitet hat – so wie wir Betreuer eben für ihn arbeiten, aber dass das mit Liebe und Partnerschaft nichts zu tun habe. Dass sie nicht wieder kommen werde, wenn er glaubt, er liebe sie und sie ihn. Dass er jedes Mal bezahlen müsse, wie er sie ja auch bezahlt habe und dass sie wieder kommen würde – für Geld eben und nicht aus Liebe" (Bettina M. zitiert nach Achilles 2002). Die Möglichkeit über solche Dinge zu reden, das Erlebte zu thematisieren, muss den Menschen mit Behinderung gegeben werden. Dabei geht es nicht darum, herauszufinden, was in der Sitzung abläuft, sondern lediglich um gezeigtes Interesse und um die Bereitschaft bei Problemen als Ansprechpartner zur Verfügung zu stehen.

Das Vertrauen, mit der Situation umgehen zu können beinhaltet genauso das Vertrauen, solche Kontakte selbst oder möglichst selbstständig zu organisieren. Wenn die Betroffenen dazu in der Lage sind, sollten sie den Kontakt zu den SexualbegleiterInnen selbst herstellen, oder zumindest beim Telefongespräch mit anwesend sein, sie sollten den Termin vereinbaren und den Kontakt vorbereiten. Ebenso sollten sie die Bezahlung selbst und vor allem direkt vornehmen. „Es wird dadurch fühlbar, dass es sich auch bei der Sexualbegleitung – wie bei anderen Formen der Prostitution – um ein Geschäftsverhältnis handelt" (Sandfort 2002b, 112). Auch Carla S., Sexualbegleiterin, berichtet, dass ein Problem natürlich „das mit dem Verlieben" (Carla S. zitiert nach Achilles 2002) sei, dass sie daher großen Wert darauf lege, dass ihre Klienten sie selber bezahlen, damit diese das, was sie tut, besser einschätzen können: „Eine Dienstleistung, mehr nicht" (ebd.).

Nina de Vries beschreibt, dass auch die SexualbegleiterInnen durch ihr Verhalten Einfluss darauf haben können, wie ihre KundInnen sie sehen: „Ich versuche durch möglichst 'normales` Auftreten die Situation zu relativieren. Das heißt, ich zeige, ich bin ein ganz normaler Mensch und keine 'Traumfrau`. Natürlich hat es auch Verliebtheiten gegeben, aber sie sind nie zu einer Qual geworden. Es war bis jetzt immer möglich eine bestimmte Leichtigkeit zu wahren" (de Vries 2001, 20). Genau wie im allgemeinen Leben hat das Umgehen mit dem eigenen Geld ein große Bedeutung für die Erfahrungen und die Unabhängigkeit, denn der „Umgang mit dem eigenen Geld verhilft zu realistischen sozialen Erfahrungen, vermittelt und erhöht das Gefühl der eigenen Kompetenz und ermöglicht es, persönliche Wünsche zu hegen und auch ab und zu zu erfüllen" (Nirje 1994, 25).

Probleme werden sich immer wieder ergeben und können nicht von vornherein ausgeschlossen werden. Dass sich ein Mensch mit geistiger Behinderung in seine SexualbegleiterIn verlieben könnte, stellt aber keinen Grund dar ihm die Sexualbegleitung grundsätzlich zu verwehren. Schließlich arbeiten auch Frauen und Männer in den Wohngruppen, die sich dieser Tatsache stellen müssen, ohne intime Momente mit den BewohnerInnen zu erleben. Auch sie müssen Wege finden, damit umzugehen, wenn sich BewohnerInnen in sie verlieben und werden in solchen Fällen nicht einfach entlassen, obwohl sie anders als SexualbegleiterInnen wesentlich mehr Zeit im Wohnheim und mit der betreffenden Person verbringen müssen und nicht direkt von ihr beauftragt und schon gar nicht bezahlt werden.

Wichtig ist aber, wie schon erwähnt, dass Sexualbegleitung in Bezug auf Partnerschaften nur Surrogat sein kann und so die Wünsche nach Partnerschaft bestehen bleiben und berücksichtigt werden müssen. „Denn wenn auch im Umgang mit behinderten Menschen geschulte Servicedienste oder so genannte SexualbegleiterInnen positive und sinnlichbefriedigende Körpererfahrungen vermitteln können (allerdings gegen Bezahlung), [...] so bleibt für die behinderten Menschen dennoch die Sehnsucht nach einer Partnerin bzw. einem Partner und nach deren oder dessen zärtlicher Zuwendung und Liebe unerfüllt und unerreicht zurück. Sexualität ist aber mehr als punktuelle Körperentspannung und auch mehr als eine gekaufte Ware" (Walter 2001a, 13).

2.6 Möglichkeiten der Sexualbegleitung in Deutschland: Organisationen und Anbieter

Vor allem auf Initiative Betroffener oder Organisationen, die sich mit Menschen mit Behinderung auseinander setzen, haben sich in Deutschland in den letzten Jahren Gruppen und Organisationen darum bemüht, den Service der Sexualbegleitung anzubieten und zu etablieren. An Interessenten mangelt es keiner dieser Gruppen, jedoch ergeben sich Schwierigkeiten bei der Suche nach Personen, die als Anbieter der Sexualbegleitung geeignet sind und auf finanzieller Seite. In erster Linie genutzt wird das Angebot von Männern, „Frauen mit Behinderung trauen sich den Mann für gewisse Stunden nicht zu. Sie sind sich damit mit den meisten nichtbehinderten Frauen einig. Sex für Geld widerspricht der weiblichen Vorstellung von Gefühl und Zärtlichkeit, dem Wunsch nach Geborgenheit" (Achilles 2002). Sandra Senger vom Wiesbadener Körper-Kontakt-Service Sensis kennt dieses Problem auch aus dem Bereich der Fortbildungs- und Seminarangebote zu Thematiken, die sich um das Thema Sexualität und Partnerschaft drehen. Auf der anderen Seite finden sich auch in erster Linie Frauen, die Sexualbegleitung leisten wollen.

Angesiedelt sind die Services und „Agenturen" hauptsächlich im Norden und in der Mitte Deutschlands und in größeren Städten. Das Angebot richtet sich aber auf ganz Deutschland, wobei allerdings Reisekosten der SexualbegleiterInnen mitbezahlt werden müssen. Kontakte findet man zum Teil über das Internet bzw. über Behindertenorganisationen und Beratungsstellen. Neben selbstständigen SexualbegleiterInnen bzw. Prostituierten, die speziell mit Kunden mit Behinderung arbeiten (hier in erster Linie Menschen mit Körperbehinderungen), existieren in Deutschland momentan vier Anlaufstellen, die SexualbegleiterInnen vermitteln, Supervisionen für diese und Beratung, zum Teil auch Fortbildungen und Seminare für Kunden/Kundinnen anbieten.

2.6.1 Der Körper-Kontakt-Service Sensis in Wiesbaden bzw. Leipzig

Aus der Interessengemeinschaft für Behinderte e.V. (IFB) in Wiesbaden ging 1995 der Körper-Kontakt-Service Sensis hervor. Ausschlaggebend war die Tatsache, dass sich der damals ca. 500 Menschen mit Behinderung betreuende Selbsthilfeverein mit dem Thema Sexualität und Behinderung auseinander setzte und die besonderen Bedürfnisse von Menschen mit Behinderung in diesem Bereich erkannte.

Vorbild war 1995 für den Vorreiter in Deutschland die SAR (Stichting Alternatieve Relatibemoddeling) in den Niederlanden. Eine Selbsthilfeorganisation die auch jetzt noch ehrenamtlich Kontakte für behinderte Menschen organisiert (vgl. Arp 1996, 13). Von Anfang an wurde aber bei Sensis darauf Wert gelegt, dass Sensis sich als Dienstleistungsanbieter und nicht als Selbsthilfeorganisation versteht, da man versucht hat „eine Dienstleistung zu schaffen, genau wie eine Sozialstation, für die man Geld zahlt, für die man aber auch seine Dienste bekommt" (Groh, zitiert nach Arp 1996, 13).

Mittlerweile gibt es Sensis nicht mehr nur in Hessen, sondern auch in Sachsen. „Sensis Sachsen" hat seinen Sitz in Leipzig und bietet genau wie „Sensis Hessen" seine Dienste vorrangig im Großraum des Umfeldes, aber auch in ganz Deutschland und in den Grenzgebieten des benachbarten Auslandes an.

Das Angebot von Sensis ist vielschichtig und besteht neben der Sexualbegleitung auch aus Beratung, Fortbildung und Seminaren. Zielgruppen sind dabei in erster Linie natürlich Betroffene, aber auch Angehörige, BetreuerInnen, Lebenspartner und Interessierte. In der Beratung stehen individuelle und wenn gewünscht anonyme Gespräche im Vordergrund, deren Inhalte folgende Bereiche umfassen können: „Auskunft zu individuellen Fragen der Sexualität (z.B. Suche nach Partnerschaft, Einsatz von Hilfsmitteln zur Selbstbefriedigung, Hilfe in der Pubertät, Partnerschaftsprobleme bedingt durch die Behinderung), Literatur zum Thema Sexualität und Behinderung [...] [und] individuelle Beratung auf das Behinderungs- und Krankheitsbild bezogen" (Senger 2002, 72). Anders als die separaten Beratungsgespräche sind Vorgespräche zur Sexualbegleitung kostenlos. KundInnen können sich auch bei möglicherweise auftretenden Problemen die die Dienstleistung betreffen an Sensis wenden.

Das Fortbildungsangebot ist größtenteils gruppenspezifisch ausgerichtet und richtet sich an Einrichtungen, Verbände, sowie Einzelpersonen mit dem Ziel „Vorurteile abzubauen, Selbstbewusstsein von gehandicapten Menschen aufzubauen, Alternativwege aufzuzeigen, eine Sensibilität für die Probleme von bestimmten Krankheitsbildern zu schaffen" (ebd., 74).

Sensis hat sich seit seinem Bestehen in der konzeptionellen Auffassung bereits zweimal einem Wandel unterzogen. Stan Albers, der momentane Leiter von Sensis, beschreibt das wie folgt: „Mit Sensis sind wir derzeit nach einer längeren richtig ´pädagogischen` Phase wieder zurück an dem Ursprungspunkt 1995, wo es darum ging, Lösungen für ein praktisches Problem bereitzustellen [...] wir waren einige Jahre pädagogischer, sind jetzt wieder und waren vorher schlicht lösungsorientiert" (Albers 2003). Obwohl die Ausrichtung des Konzeptes sich mittlerweile wieder verändert hat, möchte ich doch die Ziele darstellen, die sich Sensis in seiner pädagogischen Phase gestellt hat:

1. Wege und Möglichkeiten aufzeigen, die eigene Sexualität zu erleben
2. Zeit und Ruhe für das Ausleben von Sexualität gewährleisten
3. Berührungen erfahrbar machen als wohltuendes zwischenmenschliches Ereignis
4. Lernen, persönliche Grenzen zu setzen und wahrzunehmen
5. Qualität von Berührungen unterscheiden zu können

(vgl. Senger 2001, 43f). Diese als „pädagogische Ziele" formulierten Punkte könnten meines Erachtens nach Basis für die Reflexion der Arbeit eines solchen Dienstleistungsunternehmens sein, ohne sie als pädagogische Prämisse einzuordnen. Ausschlaggebend für die Aufgabe des pädagogischen Konzepts bei Sensis war die Tatsache, dass das eigentliche Verständnis der Arbeit ja ein Dienstleistungsangebot an Erwachsene ist. „Es ist ganz ganz wichtig festzuhalten, daß das Vorhandensein einer Behinderung per se noch nicht dazu berechtigt bzw. es notwendig macht, eine Person bei der Gestaltung seiner Sexualität pädagogisch einzubinden!" (Albers 2002) und das schon gar nicht, wenn es sich um Erwachsene handelt. Für Albers stellt dies keine Absage an Sexualpädagogik dar, denn es bedeutet nicht, „daß Sexualpädagogik nicht ein Existenzberechtigung hätte, und es heißt auch nicht, daß bei unserem Klientel nicht manchmal der sexualpädagogische Ansatz richtig sein kann, aber dies gilt nicht automatisch immer so – eher nicht" (ebd.).

Mit dem Angebot aktiver Sexualbegleitung möchte Sensis „Möglichkeiten aufzeigen, die eigene Körperlichkeit besser annehmen zu können und eine befriedigende Sexualität für sich zu finden" (Senger 2002, 71). Ursprünglich galt das Angebot nur Menschen mit Körperbehinderungen, da der Dienstleistungsanbieter Angst vor rechtlichen Folgen in der Arbeit mit geistigbehinderten Menschen befürchtete (vgl. Arp 1996, 13). Mittlerweile werden auch sie in den Kundenstamm aufgenommen, allerdings nur wenn sie „ihr Bedürfnis nach Sexualität äußern können. Bei eingeschränkter Geschäftsfähigkeit wird der gesetzliche Betreuer informiert. Der/die KlientIn soll sich mit ihrem/seinem Betreuer beraten können, welche finanziellen Wünsche er sich leisten möchte und kann" (Senger 2002, 75). Den KlientInnen stehen momentan Männer und Frauen zur Verfügung die in erster Linie über Annoncen gefunden werden und nach einem Auswahlverfahren an einer Schulung teilnehmen. Geeignete Frauen und Männer zu finden erweist sich als schwierig, Voraussetzungen sind eine starke Persönlichkeit, das Kennen und Respektieren der eigenen Grenzen und ein gutes Körpergefühl (vgl. Arp 1996, 13). „Um als MitarbeiterIn bei Sensis arbeiten zu können ist die Bereitschaft unabdingbar, Intimität auf Vertragsbasis und für begrenzte Zeit, außerhalb einer gewachsenen naturwüchsigen Beziehung mit einem unbekannten Menschen mit einer Behinderung zu teilen, und ansonsten ist das

Wissen um und die praktische Erfahrung mit der Art der körperlichen Reaktionen behinderter Menschen auf Erregungszuständen sehr wichtig. Man muß schon außerordentlich bewährungsorientiert sein, einiges an Ungewöhnlichem und auch Schwierigem aushalten, denn man arbeitet recht alleine und dort, wo es um (noch) nicht befriedigte sexuelle Wünsche geht, kann durch Frustration und Ungeduld die Stimmung leicht kippen" (Albers 2003). Die Auswahl orientiert sich an strengen Kriterien, um den KundInnen Sicherheit und guten Service zu gewährleisten. In diesem Zusammenhang betont Sandra Senger, die frühere Leiterin von Sensis, „dass eher eine Person abgewiesen wird, als dass sie zum Kreis der Mitarbeiter hinzugenommen wird" (Schuren 2003d). Inhalte einer Schulung für die MitarbeiterInnen sind das Kennenlernen verschiedener Behinderungsformen, der Umgang mit körperlichen Schädigungen, die Auseinandersetzung mit möglichen Zwischenfällen oder Komplikationen, eigenen Unsicherheiten und Ängsten. Die Frauen und Männer, die sich für die Arbeit bei Sensis entscheiden und sich dafür eignen, arbeiten dann als freie MitarbeiterInnen. Vermittelt werden sie durch eine hauptamtliche Mitarbeiterin, man kann auch direkt Kontakt zu ihnen aufnehmen. In einem Vorgespräch werden „die Bedingungen und das Angebot erklärt [...]. Wenn sich die/der KlientIn entscheidet, den Körper-Kontakt-Service in Anspruch zu nehmen, wird ein Vertrag abgeschlossen und einige persönliche Daten von der/dem Klienten aufgenommen" (Senger 2002, 73). Geschlechtsverkehr bieten die SexualbegleiterInnen von Sensis grundsätzlich nicht an, bringen die KundInnen aber – wenn diese es wünschen – anderweitig zum Orgasmus. Eine Sitzung dauert mindestens eine Stunde und kostet 65 Euro plus Fahrtkosten. Auch in diesem Zusammenhang wurde die Konzeption von Sensis seit der Gründung verändert. Anfangs betrug die Dauer einer Sitzung höchstens 45 Minuten. Damit wollte man vermeiden, dass die MitarbeiterInnen zu sehr belastet werden, auch glaubte man, dass „sich in der kurzen Besuchszeit kaum eine echte Beziehung aufbauen läßt" (Arp 1996, 13). Heute hat sich die Argumentation geändert. Sandra Senger schreibt: „Die Zeit von mindestens einer Stunde soll gewährleisten, dass KlientInnen sich auf die Situation einstellen können. Es gibt Behinderungsbilder, wo die Wahrnehmung verlangsamt ist. Hier ist es wichtig, dass die/der MitarbeiterIn diese Situation einschätzen und den Kontakt für die/den InanspruchnehmerIn in eine angenehme Atmosphäre verwandeln kann" (Senger 2002, 73).

Sensis findet vor allem bei Menschen mit Körperbehinderungen großen Anklang, leider stellt Sensis für die Gruppe der Menschen mit geistiger Behinderung bzw. für Menschen die ihr Bedürfnis nach Sexualität nicht direkt äußern können kein umfassendes und ausreichendes Angebot zur Verfügung. Für die Diskussion auch in der Öffentlichkeit und als Vorbild bzw. Orientierungsmöglichkeit für andere Einrichtungen oder Organisationen die ähnliche Dienste anbieten wollen, hat Sensis aber durchaus auch für Menschen mit geistiger Behinderung als Vorreiter in Deutschland entscheidend zu einer positiven Entwicklung beigetragen.

Den Wandel von einer pädagogischen Ausrichtung wieder zurück zu einer lösungsorientierten pragmatischen, erachte ich als positiv, wenn gleich nicht abzustreiten ist, dass Sexualbegleitung in der Praxis durchaus auch pädagogische Seiten und Auswirkungen haben kann. In einer theoretischen Diskussion und in der Erarbeitung einer Konzeption eines Dienstleistungsunternehmens, sollte bedacht werden, ob Menschen die den Service in Anspruch nehmen auf eine Pädagogisierung in diesem Bereich Wert legen und ob Anbieter sexueller Dienstleistungen für Menschen mit Behinderung ein pädagogisches Konzept benötigen.

Sensis ist auch im Internet präsent. Unter www.sensis-hessen.de, bzw. www.sensis-sachsen.de, können Kontaktmöglichkeiten und kurze Informationen abgerufen werden. Das Gästebuch stellt einen guten Einblick in die große Resonanz und positive Aufnahme des Services dar und bietet zudem Einblick in die Vielschichtigkeit der Diskussionsargumente, da sich auch Gegner solcher Angebote zu Wort melden.

Informationen zur Sexualbegleitung, Beratung und Fortbildungen bei Sensis erhält man außerdem unter:

Sensis
Ehrengartstr. 15
65201 Wiesbaden

Tel. 0611/1828378

2.6.2 Sexybilities in Berlin

Sexybilities ist eine Initiative der Arbeitsgemeinschaft für selbstbestimmtes Leben schwerstbehinderter Menschen (ASL) e.V. in Berlin. Gegründet wurde die Initiative im März 2002 von Menschen mit Körperbehinderung, um das Beratungsangebot und die Arbeit im Bereich Sexualität und Behinderung vertiefen und gezielter unterstützen zu können.

Das Beratungsangebot von ASL richtet sich im Allgemeinen an Menschen, die von Pflege und Assistenz abhängig sind, um mit ihnen „Wege zu finden, umfassend über sich und seine Belange verfügen zu können" (Vernaldi 2002a). Im Rahmen dieser Beratung waren auch immer mehr sexuelle Fragen angestanden, ein Grund um Sexybilities ins Leben zu rufen. Der Name spricht dabei für sich, denn er „setzt sich aus den Worten *sex* und *ability* (*Fähigkeit*, im Gegensatz zu *disability*, was *Behinderung* bedeutet) zusammen" (Zander 2002, 180, Herv. i. Orig.).

Sexybilities arbeitet nach dem Prinzip des Peer Counselling, d.h. „Behinderte beraten Behinderte. Das Peer Counselling stellt eine Beratungssituation her, in welcher der Klient seine eigenen Kräfte und Möglichkeiten schätzen lernt und aktiviert" (ebd.). Matthias Vernaldi, Initiator von Sexybilities, betont aber auch, dass „es diese Peer Group [eigentlich] nicht [gibt], denn es gibt selbstredend keine spezielle Sexualität Behinderter. Das, was uns verbindet, ist die Wahrnehmung von Behinderung in Bezug auf Sexualität" (Vernaldi 2002b, 4).

Die Beratung wird momentan von zwei Männern geleistet, die ehrenamtlich arbeiten und durchschnittlich 1- 2 Beratungen pro Woche durchführen. Wird die Beratung durch eine Frau gewünscht, so hat Sexybilities zwei AnsprechpartnerInnen, die im Bedarfsfall Gespräche durchführen. „Es gibt die unterschiedlichsten Gründe, weshalb ein Beratungsgespräch gesucht wird. Es kommt vor, dass ein Weg in einer konkreten Problemsituation (z.B. die Außenseiterrolle eines Exhibitionisten in einer Wohngruppe) gefunden werden soll. Oder es geht darum, die Lebenssituation bezüglich Partnerschaft zu reflektieren. Relativ selten werden 'technische' Beratungen auf Grund behinderungsspezifischer Einschränkungen, z.B. Erektionsstörungen bei Querschnittlähmungen oder mangelnde Beweglichkeit auf Grund von Kontrakturen, angefragt. In solchen Fällen versuchen wir über das Gespräch hinaus, Adressen von entsprechenden Selbsthilfegruppen, Therapien oder Hilfsmittelanbietern zu vermitteln" (Vernaldi 2001, 49).

Um Kontakte auch zwischen Betroffenen zu ermöglichen und Angebote über die Beratung hinaus zu schaffen findet jeden letzten Donnerstag im Monat ein offener Gesprächskreis für Betroffene statt, der Club Sexybilities. Treffpunkt ist der Versammlungsraum der Ambulanten Dienste in Berlin-Kreuzberg. „Themen waren z.B. 'Schwul, lesbisch und dann auch noch behindert', 'Sexualbegleitung und andere Dienstleistungen für Behinderte', [...]. Auch die widersprüchlichen Aspekte einer Forderung 'Sex auf Krankenschein' wurden diskutiert" (Turber 2003, 29). Hauptgrund für solche Beratung und Gespräche ist die Auffassung der Initiatoren, dass mehr als konkrete Forderungen wichtig ist, dass die Menschen mit Behinderung wissen, was ihnen wichtig ist und worauf es ihnen ankommt.

Das Angebot von Sexybilities beschränkt sich nicht nur auf Beratung, denn Sexybilities will auch zu Gesprächen unter Betroffenen und Nichtbehinderten anregen, Meinungen bilden und in die Öffentlichkeit treten. Teil dieser Öffentlichkeitsarbeit sind große Parties, „Themenabende und Seminare, sowie supervisorische Gruppen- oder Einzelgespräche für Mitarbeiter von Einrichtungen" (Vernaldi 2002a), Vorträge und Informationsveranstaltungen an Fachschulen und Universitäten sowie die Teilnahme an künstlerischen Aktivitäten wie Ausstellungen, Performances oder Lesungen.

Ein großer Teil der Arbeit von Sexybilities zielt auf die Vermittlung von Prostituierten und SexualbegleiterInnen. Auf Anfrage werden Prostituierte vermittelt und auf Wunsch auch Vorgespräche mit den KlientInnen oder AnbieterInnen geführt. Genau wie andere Anbieter, macht Sexybilities die Erfahrung, dass die Nachfrage groß ist, dass das Interesse allerdings in erster Linie von männlicher Seite stammt und Frauen deutlich weniger nachfragen[43].

Anders als z.B. Sensis hat Sexybilities keine eigenen MitarbeiterInnen, sondern vermittelt an Prostituierte, die der Initiative bekannt sind und die Erfahrungen mit Menschen mit Behinderung haben. Sexybilities hat Kontakte zu Prostituierten und zur Hurenselbsthilfe HYDRA in Berlin. „Es gibt in Berlin ein breites Spektrum von Einzelpersonen, Agenturen und Läden, die menschenwürdig und selbstbestimmt arbeiten. Die Frauen und Männer die ich kennengelernt haben sehen in ihren Kunden nicht nur Einnahmequellen, sondern beziehen sich auf sie . Sie empfinden ihre Tätigkeit nicht als widerlich, sondern als interessant, kreativ und lustvoll" (Vernaldi zitiert nach Turber 2003, 30). Dies zeigt die Einstellung von Sexybilities gegenüber Sexualbegleitung. Keineswegs wird die Notwendigkeit von spezifischen Kenntnissen in der Arbeit mit Menschen mit Behinderung geleugnet, genauso wenig die „Aussonderung und Desintegration, die die Wirklichkeit vieler behinderter Menschen prägt, die in Heimen untergebracht sind oder bei Verwandten wohnen" (Vernaldi 2002a). Sexualbegleitung soll aber nicht wieder eine Sonderbehandlung dieser Menschen darstellen.

Das Konzept geht, wie so eben dargestellt, bei weitem über eine bloße Vermittlungsagentur hinaus.

Auch Sexybilities ist eine Initiative die sich von ihrer Entstehungsgeschichte her in erster Linie an Menschen mit körperlichen Beeinträchtigungen wendet. Sexybilities ist aber durchaus offen für alle Menschen mit Behinderungen und berät auch Menschen mit geis-

---

[43] Sandra Senger von Sensis berichtete 2001 über den Frauenanteil unter den KlientInnen wie folgt: „Rund 100 Körper-Kontakt-Termine kamen in den vergangenen fünf Jahren zustande. Mit ganzen sechs Terminen ist der Anteil der Frauen dabei verschwindend gering" (Senger 2001, 46).

tiger Behinderung. In erster Linie dann, wenn sie selbst die Beratung wahrnehmen (können), aber auch wenn BetreuerInnen das Gespräch suchen.

Kontaktmöglichkeit:

Sexybilities

bei ASL e.v.

Oranienstraße 189

10999 Berlin

Beratungstelefon:

030/60880576 (AB)

e-mail: sexybilities@hotmail.de

2.6.3 Arbeitskreis „Begleitung und Unterstützung behinderter Menschen bei Sexualität und Partnerschaft" in München

Wie auch bei Sensis und Sexybilities lag der Ursprung der Gründung des Arbeitskreises im Bedarf spezifischer Beratung und Begleitung von Menschen mit Behinderung in Bezug auf sexuelle Fragen und Probleme. Der Arbeitskreis „Begleitung und Unterstützung behinderter Menschen bei Sexualität und Partnerschaft" wurde als Teil der Sexualberatungsstelle (SBS) der Gesellschaft für Partnerschaftliche Kommunikation e.V. in München 2001 ins Leben gerufen. Die SBS ist eine staatlich anerkannte und durch öffentliche Mittel geförderte Ehe- und Familienberatungsstelle, also eine Organisation, die ihr Angebot nicht ausdrücklich bzw. ausschließlich an Menschen mit Behinderungen richtet.

Im Süden Deutschlands stellt die SBS momentan die einzige Anlaufstelle für Menschen mit Behinderungen, die Sexualbegleitung in Anspruch nehmen möchten, dar. Der AK, der sich aus MitarbeiterInnen der SBS, Vertretern von Einrichtungen in München, behinderten und nichtbehinderten Frauen und Männern zusammensetzt, erarbeitete ein Konzept, „das über professionelle Beratung behinderter Menschen zu Sexualität und Partnerschaft hinausgeht" (Gesellschaft für partnerschaftliche Kommunikation e.V. 2002b). In seiner Arbeit geht es dem AK darum „die Organisation und Bereitstellung von erotischen/sexuellen Kontakten, 'SexualbegleiterInnen`, wie es sie z.B. auch schon in anderen bundesdeutschen Städten gibt als 'Körperkontaktservice` oder 'Sexualbegleitung'" (Ges. f. Partnersch. Kommunikation 2002b) zu ermöglichen, dabei möchte der AK auch „be-

hinderte Menschen auf ihrem Weg zur Partnerschaft unterstützen, und behinderten Paaren bei deren Sexualität miteinander behilflich sein (Sexualassistenz)" (ebd.).
Das Projekt sieht in seiner Konzeption vor, dass die SexualbegleiterInnen als freie MitarbeiterInnen „vertraglich an die Einrichtung gebunden sind und auch [...] von ihr bezahlt [werden]" (ebd.), wobei sie an wöchentlichen Teamsitzungen und Supervisionen teilnehmen müssen. In der Planung steht eine zentrale Anlaufstelle, die vom Träger finanziert wird. „Sie bietet professionelle, kompetente Beratung für die behinderten Menschen, deren Angehörige und Betreuer. Zusätzlich bildet sie die Sexualbegleiter aus und supervidiert sie. Nach einem abklärenden Gespräch des Beraters mit dem behinderten Menschen wird der Kontakt zu dem/der 'passenden` Sexualbegleiter/in vermittelt" (ebd.). Um Menschen zu erreichen, die in ihrem Umfeld keine Möglichkeit haben Sexualbegleiterinnen zu empfangen, soll in der Anlaufstelle ein Zimmer eingerichtet werden, in dem die Kontakte möglich sind. Als Zielgruppe will der AK „Menschen mit einer Behinderung von mindestens 50% (laut Ausweis), oder einer gleichgestellten Behinderung, die dazu führt, daß eine Kontaktaufnahme zur privaten Beziehungsgründung deutlich erschwert ist" (ebd.) ansprechen.

Im Grunde ist die Arbeit des AKs in seiner Organisation und seinem Angebot an Sensis angelehnt, aus der Konzeption geht aber keine pädagogische Orientierung hervor. In seinem Konzept beschreibt der AK den „Nutzen" einer solchen Einrichtung: „Das Körperempfinden und das Selbstwertgefühl des behinderten Menschen verbessern sich. Deren Motivation und Fähigkeiten, selbständig zu leben, nehmen zu. Die Chancen auf eine eigene Partnerschaft steigen. Die Perspektiven einer sozialen Eingliederung in die Gesellschaft und der Teilhabe am gesellschaftlichen Leben erweitern sich. Anfallende, sonst anderweitig notwendig werdende Folge- und Betreuungskosten entfallen" (ebd.). Die Formulierung erinnert an die früheren pädagogischen Ziele von Sensis, der Charakter der Sichtweise ist jedoch hier ein anderer, denn es geht nicht um Grundlagen *pädagogischen* Handelns, sondern darum, aufzuzeigen, dass Sexualbegleitung mit der Befriedigung sexueller Bedürfnisse Auswirkungen auch auf andere Bereiche des Lebens haben kann.

Ein Großteil der geplanten Arbeitsbereiche scheitert momentan noch an finanziellen Gründen. Der Arbeitskreis hat aber bereits SexualbegleiterInnen gefunden und so kann die SBS Kontakte zu SexualbegleiterInnen vermitteln. Die Kosten belaufen sich auf max. 75 Euro pro Stunde. Allerdings kann die SBS noch keine weiteren Leistungen anbieten. SexualbegleiterIn und Klient müssen sich über Ort, Zeit und Preis etc. selbst verständigen.

Die Mitglieder des Arbeitkreises treffen sich noch immer regelmäßig zu Treffen um das Konzept zu verfeinern und letztendlich verwirklichen zu können.

Kontakt:

Sexualberatungsstelle
Nikolaiplatz 1
80802 München

Tel: 089/33040692

(Mo, Di, Do, Fr 10-12 Uhr, Mi 16-18)

e-mail: sbs@sexualberatungsstelle.de

2.6.4 Institut für Selbst-Bestimmte Beratung Behinderter (ISBB) Trebel

Das Institut für Selbst-Bestimmte Beratung Behinderter bietet unter der Leitung des Diplompsychologen Lothar Sandfort neben allgemeiner Beratung auch Sexualberatung, Workshops für Menschen mit Behinderung zum Thema Sexualität und in der Akademie Trebel[44] auch Weiterbildungen an. Das ISBB ist momentan die einzige Organisation, in der sich Männer und Frauen zur/zum SexualbegleiterIn weiterbilden können. (Der Arbeitskreis „Begleitung und Unterstützung behinderter Menschen bei Sexualität und Partnerschaft" in München hat ein solches Angebot in seiner Konzeption ebenfalls geplant.) Beratung und Weiterbildung sind über das ISBB auch online möglich.

„Kern unseres Institutes ist eine Beratungsstelle, die helfen soll, eigene Strategien der Problemlösungen zu entdecken und umzusetzen" (ISBB 2003a). Dabei arbeitet das Institut nach dem Prinzip des Peer Counseling und auf Grundlage der systemischen Beratung.

Das Angebot umfasst: „psychologische Beratung, psychotherapeutische Hilfe, Sexualberatung, Hilfen bei homologer Insemination, Supervisionen für Teams der Behindertenarbeit, Ausbildungen, u.a. in Peer Counseling oder in Sexualbegleitung, Seminare zu Themen Behinderter, Informationen bei allen Integrationsfragen, Hilfen zur beruflichen Integration und vieles mehr. Die Beratung ist im Prinzip kostenfrei bis auf die psychologische. Die kostet um 25 € pro 45 Minuten" (ebd.).

Die Beratung, auch die von Einrichtungen, ist der eine Teil der Arbeit, der andere ist ein Angebot für Männer und für gemischte Gruppen, die sog. Workshops, die in regelmäßi-

---

[44] Näher Informationen unter http://members.aol.com/ISBBeV/bildug2.htm

gen Abständen stattfinden. In den Männerworkshops lernen die Männer „wie sie erfolgreicher Beziehungen und Sexualität für sich erleben können" (Sandfort 2002b, 65). Auch in den gemischten Workshops geht es um die Auseinandersetzung mit (den Möglichkeiten) der eigenen Sexualität und (z.b. in tantrischen Übungen) um konkrete, sinnliche, sexuelle Erfahrungen. An den Abenden ist es jeweils möglich, Einzelstunden bei den teilnehmenden SexualbegleiterInnen des ISBB wahrzunehmen.

Kontakt:

ISBB
Nemitzer Str. 16
29494 Trebel

Tel. 05848/988123

2.6.5 Nina de Vries, Selbstständige Sexualbegleiterin

Nina de Vries arbeitet als selbstständige Sexualbegleiterin und leitet Fortbildungen zum Thema Sexualität in Einrichtungen und Ausbildungsstätten. Ihre Kunden kommen hauptsächlich aus Berlin, aber auch aus dem ganzen Bundesgebiet. Meines Erachtens wird das Selbstverständnis ihrer Arbeit am besten mit ihren eigenen Worten wiedergegeben.

Über sich und ihre Arbeit schreibt sie:

„Seit einigen Jahren arbeite ich als Sexualbegleiterin und biete erotische, sinnliche Berührungen an. Über die Jahre zählten immer mehr schwerst körperlich behinderte Männer zu meinen Klienten und es hat sich so ergeben, dass ich seit drei Jahren ausschließlich mit geistig behinderten Männern (gelegentlich auch Frauen) arbeite.

Durch jahrelanges Training in einer therapeutischen Gemeinschaft in Holland, fühle ich mich dieser Arbeit gewachsen. Schwerpunkte dieses Trainings, in das viele buddhistische Elemente eingingen, waren Körperarbeit, emotionale Arbeit, Beziehungen, Sexualität; kurz gesagt eine Schule in der Kunst ein Mensch zu sein.

[...] Ich durfte bis jetzt viele unterschiedliche Erfahrungen machen. Speziell in der Arbeit mit sogenannten geistig Behinderten (z. B. Autisten) fühle ich mich gefordert, weil ich da am meisten wach, flexibel, sensitiv und wahrhaftig sein muss. Diesen Begegnungen sind stets intensive Gespräche mit Eltern bzw. Betreuern vorausgegangen.

In so einer Sitzung sind außer Massage auch Körperkontakt, Streicheln, Umarmen möglich. Geschlechtsverkehr und Oralkontakt biete ich nicht an. Auch ohne die letzten zwei Varianten ist ein intimes, erotisches Erlebnis möglich. Wenn sie es wünschen, bringe ich die Menschen mit meiner Hand zum Orgasmus. Ich strebe es an, jeden, der zu mir kommt, so zu nehmen wie er ist und es so schön und bereichernd wie möglich zu machen für diese Person, immer achtgebend auf meine eigenen Grenzen. Für nicht wenige ist so eine Begegnung das erste Mal in ihrem Leben, dass sie körperlichen/sexuellen Kontakt mit einer Frau haben. Manche brauchen eine Art Unterrichtung darüber wie man masturbieren kann. Es ist wichtig, klar zu machen, dass es ein Ort ist, Erfahrungen zu machen, die dann oft auch ein neues Selbstbewusstsein bewirken. Das Gefühl ein Außenseiter zu sein, jemand der nicht dazu gehört, kann sich verändern.

Ich wünsche mir, dass die Sitzungen ein Anstoß sind um freudiger, selbstbewusster, ausgeglichener und entspannter in der Welt zu stehen und anregen zu mehr Selbstliebe" (de Vries 2002b).

Nina de Vries leitet außerdem Fortbildungen in Heimen und Einrichtungen. Wichtig ist für sie, dass sich die BetreuerInnen mit ihrer eigenen Sexualität auseinandersetzen. Ihre Aufgabe bei den Fortbildungen sieht sie darin, „eine Atmosphäre zu schaffen in der genug Vertrauen entsteht, einen ehrlichen Blick auf die eigene Sexualität, wie sie entstanden und geworden ist, zu werfen und auch mitzuteilen was wahrgenommen wird" (de Vries 2002c). Neben den Fortbildungen nimmt Nina de Vries an Kongressen teil und leitet dort Workshops (siehe z.B. Dokumentation zur Fachtagung Tabu und ZuMUTung, Spastikerhilfe Berlin e.V. 2001).

Im Herbst 2003 wird Nina de Vries in der Schweiz die Ausbildung für BerührerInnen (so werden dort SexualbegleiterInnen genannt) leiten. Ein großer schweizer Behindertenverband PRO INFIRMIS finanziert die Ausbildung die über mehrere Wochenenden gehen wird. Über die Arbeit in der Schweiz sagt Nina de Vries, dass dort dieses Thema als viel weniger problematisch empfunden wird. Für die Ausbildung haben sich 300 InteressentInnen gemeldet, bisher gab es 70 Anmeldungen, von denen nun in einem Auswahlverfahren 15 TeilnehmerInnen ermittelt werden (de Vries 2003).

Kosten:

Einzelsitzung (ca. 1 Std.): 80 Euro (Hausbesuch: 110 Euro)

Mini-Fortbildung (minimal 4 Stdn.): 50 Euro pro Stunde (zuzügl. Fahrt und evtl. Übernachtung)

Kontakt:

Nina de Vries
Wattstr. 12

14482 Potsdam

Tel.: 0331/742430

Mobil: 0179/4240379

2.6.6 Kuratorium Behinderung und Sexualität e.V. in Nürnberg

Im Anschluss an den Kongress „Behinderte Sexualität – verhinderte Lust?" anlässlich der REHAB 2000 in Nürnberg wurde das Kuratorium Behinderung und Sexualität gegründet. Ziel des Forums war es „die Öffentlichkeit auf das Grundrecht aller Menschen, behindert und nichtbehindert, auf Sexualität aufmerksam zu machen" (Schuren 2002b) und die auf dem Kongress erarbeiteten Forderungen zu verwirklichen:

- Aufklärung der Gesellschaft über das Grundrecht von behinderten Menschen auf Sexualität
- Autonomie für Menschen mit Behinderung und die Schaffung von Rahmenbedingungen für das Ausleben von Sexualität (finanzielle Unabhängigkeit, individuelle Wohnmöglichkeiten, „Sex-Helpers" nach holländischem Vorbild)
- Intensive Aufklärungsarbeit gegenüber Betroffenen vor allem in Institutionen und gegenüber Betreuern und Pflegepersonal
- Bereitstellung einer individuellen Assistenz und einer Begleitung, die auf den einzelnen Menschen mit Behinderung und seine Bedürfnisse zugeschnitten ist
- Rechtliche Absicherung für Betreuer und Institutionen bei Unterstützung von sexuellen Handlungen
- Schaffung rechtlicher Rahmenbedingungen für die Tätigkeit von „Sexualbegleitern" (provokant: „Sex auf Krankenschein?") (vgl. ebd.).

Mitglieder des Kuratoriums waren Betroffene, Wissenschaftler (aus unterschiedlichen Disziplinen) und Personen, die mit Menschen mit Behinderung arbeiten. Leider löste sich der Verein im Herbst 2003 aufgrund „interner Differenzen" (Schuren 2003d) wieder auf.[45]

---

[45] Das „Projekt Soziallotse" in Winsen versucht die entstandenen Lücken mit einem „AK Behindertensexualität" zu schließen. Nähere Informationen unter:
http://www.people.freenet.de/soziallotse/ProjektSoziallotse.htm

2.6 Fortbildung zum/zur SexualbegleiterIn

Seit Oktober 2001 bilden der Diplompsychologe Lothar Sandfort[46] und Marina Rinaldi, die früher in der klassischen Prostitution gearbeitet hat, in der Akademie Trebel des Instituts zur Selbst-Bestimmung Behinderter SexualbegleiterInnen aus. „Am Ende der Fortbildung erhalten die TeilnehmerInnen ein Zertifikat, das Institut schützt den Titel 'Sexualbegleitung' durch den Zusatz 'ISBB'" (Sandfort 2002b, 72).

Als Zielgruppe gibt Sandfort Menschen an, „die schon vor oder während ihrer Berufsausübung als ErzieherInnen, (Heil-)PädagogInnen, PhysiotherapeutInnen, KrankenpflegerInnen oder Masseure und Masseurinnen ihre Fähigkeiten erweitern wollen um die der ausgebildeten Sexualbegleitung. Die Fortbildung richtet sich zum Beispiel an Prostituierte, die ihre Arbeit als Beruf auffassen und zu ihren KundInnen auch behinderte Menschen zählen oder zählen wollen. Sie wendet sich an Peer CounselorInnen, die Sexualbegleitung zu einem Schwerpunkt entwickeln wollen. Die Fortbildung richtet sich aber auch an alle Menschen, die eine neue, spannende und aufregende berufliche Perspektive suchen" (ebd.). Die Fortbildung steht grundsätzlich Menschen mit und ohne Behinderung offen. „Der Bedarf geht eindeutig in Richtung Nichtbehinderter" (Sandfort 2002a, 99). Eine besondere Ausbildung ist also nicht Voraussetzung für die Teilnahme an der Fortbildung.

Im Folgenden soll der Ablauf einer solchen Fortbildung geschildert werden. Er ist entnommen aus dem Buch „Hautnah – Neue Wege der Sexualität behinderter Menschen" von Lothar Sandfort.

Die Fortbildung findet an sechs Wochenenden zeitgleich mit den Männerworkshops bzw. den gemischten Workshops[47] des ISBB in Trebel/Ostniedersachsen statt und wird von Marina Rinaldi und Dipl. Psych. Lothar Sandfort, geleitet. Die auszubildenden SexualbegleiterInnen müssen zeitweise an den Sitzungen der Gruppen teilnehmen. An den Abenden können sie „ihre Dienste den teilnehmenden Behinderten [...] anbieten. So ist eine Refinanzierung der Ausbildungskosten möglich" (Sandfort 2002b, 73). Als wesentlichen Aspekt der Fortbildung erachtet Sandfort aber die Verbindung von praktischem Einsatz, Selbsterfahrung und theoretischen Einheiten und stellt sie „eher [als] eine kollegiale Supervision als klassische Weiterbildung" (ebd.) dar.

---

[46] „Ich war und bin der Meinung, dass zur Ausbildung in Sexualbegleitung, die zwar eine besondere Ausrichtung hat, aber dennoch Prostitution bleibt, auch eine Vollblutprostituierte als Ausbilderin gehört" (Sandfort 2002², 69).

[47] Vgl. Beschreibung des ISBB S. 99

Neben der Teilnahme an den Workshops, findet die Fortbildung aber auch in unabhängigen Ausbildungsstunden statt und umfasst folgende Inhalte/Thematiken, die in Blöcken angeboten werden. Dabei ist nur der erste Block inhaltlich festgelegt, die Themenbereiche des zweiten bis sechsten Blocks stehen zwar fest, in ihrer Reihenfolge orientieren sie sich aber an den Bedürfnissen der WorkshopteilnehmerInnen.

„1.Block – Kennenlernen

1.Teil Vertrauen bilden

Wir wollen uns Zeit nehmen, um uns kennen zu lernen und eine vertrauensvolle Gruppe zu bilden. In ihr soll es möglich sein, unter Respekt vor persönlichen Grenzen über intime Erfahrungen, Ängste und Ressourcen zu sprechen.

2. Teil Selbstbestimmung Behinderter

Philosophie und Geschichte der Selbstbestimmt Leben Bewegung Behinderter

- Was heißt Emanzipation Behinderter?
- Welche Erfahrungen habe ich in der Begegnung mit Behinderten? Wie kann ich sicherer werden?
- Welche typischen Einschränkungen bei Behinderten gibt es und was bedeuten sie für mich?
- Sind unterschiedliche Einstellungen bei der Begleitung von Körperbehinderten, Sinnesbehinderten oder geistig Behinderten zu beachten?
- Erfahrungen des ISBB bei der Sexualberatung behinderter Menschen?
- Welche Hilfsmittel benutzen Behinderte, und wie behandele ich sie?
- Welche Animationsprodukte können behinderten Menschen hilfreich sein?
- Wozu kann meine Begleitung behilflich sein?
- Wie kann sie Selbstbestimmung fördern?
- Welchen Auftrag bekomme ich, und wann ist der erfüllt?

2. – 6. Block

- Themenreihenfolge ergibt sich aus Gruppenprozess

Mögliche Themen und Fragen:
- Was habe ich mitgekriegt von meinen Eltern zum Thema Sexualität?

- Was habe ich für Erfahrungen gesammelt, auch welche traumatischen?
- Welche sich wiederholende Muster sehe ich in meinem (sexuellen) Erleben und in meinen Beziehungen?
- Wie stehe ich zu meinem Körper?
- Was ist würdevolle Sexualität?
- Welche unterschiedlichen typischen Bedürfnisse haben Männer und Frauen?
- Welche unterschiedlichen typischen Bedürfnisse haben Heterosexuelle, Lesben, Schwule?
- Wie erlebe ich meine Sexualität heute?
- Welche sexuellen Phantasien habe ich?
- Worauf habe ich Lust?
- Grenzen setzen – Abhängigkeit/Unabhängigkeit
- Wovor habe ich Angst?
- Was unterschlage ich?
- Was macht mich wütend?
- Was ist Freude für mich?
- Wie gehe ich mit meiner Trauer um?
- Welche Projektionen sind mir eigen?
- Selbstwertgefühl
- Welche rechtlichen Probleme habe ich bei meinem Angebot, besonders in Einrichtungen behinderter Menschen zu beachten?
- Geschichte und gesellschaftlicher Auftrag der (Sonder-)Einrichtungen für Behinderte
- Auswirkungen der Dezentralisierung auf die persönliche Freiheit Behinderter
- Erfahrungen mit der Sexualberatung und -begleitung in Behinderteneinrichtungen
- Welche Einrichtungen fragen Hilfestellungen für ihre behinderten BewohnerInnen an?
- Wie fördere ich die erotischen Potentiale einer Einrichtung?
- Wie wirkt mein besonderes Angebot auf die übrigen Mitarbeiter einer Einrichtung?
- Wir kläre ich auf, mit welchem Material?

- Behinderung und AIDS
- Welche sexuellen Praktiken will ich anbieten, auf welche Vorlieben eingehen?
- Massage/Berührungen in Praxis, Massagetechniken üben, Einsatz von Ölen, Düften, Bädern
- Spezielle Übungen für den Einsatz in Teams der Behinderteneinrichtungen
- Gruppendynamische Leitung
- Übung für die Arbeit mit Gruppen Behinderter in Einrichtungen
- Einsatz erotischer Musik und erotischer Speisen
- Einbeziehung von Pornographie in die Arbeit
- Arbeit mit Paaren
- Arbeit mit Behinderten und deren persönlichen Assistenz
- Begleitung als zeitliche Hilfe – Einstieg, Verselbstständigung und Beendigung
- Unterschiedliche Angebote für männliche und weibliche KundInnen"

(Sandfort 2002b, 75ff).

Die Ausbildung besteht also aus drei wesentlichen Teilen: Information, Selbstreflexion und Selbsterfahrung. In denen es darum geht, dass jedeR sich mit der eigenen Sexualität auseinandersetzt, ein Gefühl dafür entwickelt „was Selbstbestimmung Behinderter im Bereich Erotik bedeutet" (Sandfort 2002a, 99), da nicht vermittelt wird, wie die Sexualität von Menschen mit Behinderung ist (vgl. ebd.).

3 Sexualbegleitung konkret – Erfahrungsberichte aus verschiedenen Blickwinkeln

Abschließend will ich in meiner Arbeit Menschen zu Wort kommen lassen, die Sexualbegleitung erleben und aus deren Schilderung hervorgeht, dass wie im „normalen" Leben auch das Ausleben einer selbstbestimmten individuellen Sexualität nicht immer leicht und deshalb mit ganz individuellen Problemen verbunden, letztendlich aber ein „schönes Gefühl" ist.

Die Schilderungen sollen unkommentiert bleiben, da sie, wie ich finde, für sich allein ein Plädoyer für die Ermöglichung von Sexualbegleitung liefern.

Bei den meisten Beispielen handelt es sich um Ansichten einer Sexualbegleiterin, anschließend berichten aber auch eine Sozialpädagogin in einer Wohngruppe für Menschen mit geistiger Behinderung, eine Mutter, die ihrem Sohn Sexualbegleitung ermöglicht und eine Mann mit spastischen Lähmungen, der einer der ersten Kunden bei Sensis war[48].

---

[48] Nicht alle diese Beispiele handeln von Menschen mit geistiger Behinderung, das liegt unter anderem daran, dass Sexualbegleitung momentan in erster Linie Menschen mit körperlichen Einschränkungen ermöglicht wird. Für die Aussage an sich spielt das aber keine Rolle.

3.1 Sexualbegleitung – Begegnungen aus der Sicht einer Sexualbegleiterin

Nina de Vries, selbstständige Sexualbegleiterin, schildert Begegnungen mit drei ihrer Klienten:

„C. ist jetzt 36 Jahre alt und er hat das Down-Syndrom. Er kommt seit etwa vier Jahren jeden zweiten Monat zu mir. Er wohnt in einer WG für geistig Behinderte. Der Kontakt wurde von seinem Betreuer initiiert. Mir wurde erzählt, dass er übergriffig auf eine Mitbewohnerin geworden war. Sie war wohl auch nicht ganz 'unschuldig' daran. Ich treffe mich mit dem Betreuer und dem Vater von C. in einem Cafe. Der Vater ist schweigsam und scheint sich nicht ganz wohl zu fühlen in der Situation. Mit dem Betreuer ist der Kontakt angenehm und effektiv. Ich lerne C. kennen und empfinde ihn eher als zurückhaltend, auf keinen Fall gierig oder gewalttätig. Wir reden auch darüber, was passiert ist. Ich mag seine Direktheit, seine einfache Ehrlichkeit. Er heuchelt keine Schuldgefühle und verteidigt auch nicht, was er getan hat. Schon bald wird klar, dass er mich als 'seine Freundin' einstuft und dies sehr genießt. Ich versichere ihm jedes Mal, dass ich seine Masseurin bin und nicht seine Freundin und dass er bei mir üben kann, was er dann eventuell mit andere Frauen 'anwenden' kann. Ich bespreche die Sitzungen mit dem Betreuer und kriege mit, dass C. ihm detailliert erzählt, was er bei mir erlebt. Wir sind der Meinung, dass es in Ordnung ist, dass C. mich etwas idealisiert und anhimmelt. Da ist er sehr dickköpfig. Einmal ist er nach der Massage auf einmal sehr still und sieht grün im Gesicht aus. Ich erschrecke mich sehr und frage ihn immer wieder was los ist. Er kann es mir nicht sagen, er sagt gar nichts mehr und ich kriege Angst. Ich rufe ein Taxi und bringe ihn zurück in seine WG (er kommt immer alleine mit der U-Bahn). Da finde ich über eine Mitbewohnerin heraus, dass C. am Abend vorher die ganzen von ihr und noch einer Bewohnerin gebackenen Kekse aufgegessen hat. Sie haben kein Mitleid mit ihm. Ich erwähne seine Fresserei und sein Übergewicht ihm gegenüber manchmal auf eine humorvolle, neckische Art und Weise. Ich würde unseren Kontakt als sehr herzlich, freundlich beschreiben. Ich meine, dass das was ich ihm gebe u.a. ein Gefühl von dazugehören ist. Im Sinne von Anerkennung, dass er ein sexuelles, männliches Wesen ist und nicht ein Neutrum auf Grund seines Down-Syndroms. Er hat die Neigung, sich etwas machohaft zu verhalten und lebt teilweise in einer Traumwelt, wo er ein Held ist und eigentlich nicht mal so dick... etc. Ist er kein wunderbarer Spiegel? Die Sitzungen versuche ich entstehen zu lassen, damit wir nicht in eine Routine landen, was natürlich leicht passiert, wenn jemand so ein Art Stammgast ist. Wenn es mir gelingt nicht zu planen und eine frische Begegnung zu haben, passieren immer noch Überraschungen. Ich massiere ihn und bringe ihn meistens mit meiner Hand zum Orgasmus. Wir halten uns, streicheln uns und reden. Er ist kitzelig an bestimmten Stellen und es ist immer wieder lustig, sein Lachen und Kichern zu hören, weil er es nicht stoppen kann. Er platzt fast vor Lachen, wenn ich ihn an diesen Stellen berühre und bringt mich damit auch immer zum Lachen. Überraschend sind oft auch Dinge die er sagt. Ich achte darauf, dass ich ihn für 'voll' nehme. Vermeide 'herablassend' zu reden. Es macht mir Spaß herauszufinden, wie er die Welt sieht. Ich genieße es, wenn eine ganz 'eigene' Äußerung kommt, weil offensichtlich in seiner Art sich selbst zu präsentieren auch viel 'übernommen' ist. Ich mag sehr die langsame, bedachtsame Art, wie er sich bewegt, sich an- und auszieht. Er kommt auf eine Weise sehr zentriert rüber. Ist eben nicht in der Lage, zehn Sachen gleichzeitig zu tun, wie wir sogenannten 'Normalen'.

Heutzutage mache ich immer die Termine mit seiner Mutter aus. Sie hat mich akzeptiert und fragt mich, wie es mir geht. Jedes Weihnachten bringt er ein Geschenk und eine Karte mit von der Familie. Die Sitzungen werden bezahlt von seinem Taschengeld" (de Vries 2002e, 3).

In einer Weiteren Schilderung berichtet Nina de Vries über ihre Arbeit mit einem 30 jährigen Mann mit Multipler Sklerose:

„K. lerne ich über seinen Einzelfallhelfer (E.H.) kennen. Er ist 30 Jahre alt und hat seit zehn Jahren Multiple Sklerose. Ich frage den E.H. warum K. nicht selber anruft und meine, es mit einem übereifrigen, sich wichtigmachende Helfer zu tun zu haben. Der E.H. erklärt, dass das wirklich unmöglich ist. Das finde ich dann auch heraus. K. kann gerade noch Buchstaben sagen und um das verstehen zu können, muss man eigentlich jeden Tag mit ihm zu tun haben. Er kann kaum noch sehen. Er wird über eine Sonde ernährt und ist fast vollständig gelähmt. Er wohnt Zuhause und wird von seinen Eltern sehr liebevoll gepflegt.

Durch Gespräche mit dem E.H. (ein Mann in seinem Alter) hat er sich dieser Möglichkeit geöffnet (Berührungen mit einer Frau für Geld). Als ich das erste mal hingehe (der Einzelfallhelfer ist da, die Eltern sind spazieren) stelle ich fest, dass ich viel gemeinsam habe mit seiner Mutter. Das sehe ich an den Büchern, die im Schlafzimmer der Eltern, wo wir sind, im Schrank stehen (buddhistisch orientiert). Diese Tatsache erleichtert mich, ich möchte sie kennen lernen. Das tue ich dann auch das nächste Mal. Ab da komme ich zwei Jahre lang, einmal im Monat und trinke danach Kaffee mit seiner Mutter. Wir freuen uns,

uns zu sehen. Mit K. habe ich einen guten Kontakt, obwohl wir uns kaum verbal verständigen können. Ich ahne, dass es ihm wichtig ist zu fühlen, dass ich keine Berührungsängste habe und nicht zerfressen werde von Mitleid. Durch meine Lebenseinstellung ist dies auch nicht der Fall und wir sind in der Lage, einen bestimmten Humor und Leichtigkeit zu wahren. Es ist für mich ein Geschenk, mit jemand zusammen zu kommen, der in einer Situation steckt, vor der ich eine Heidenangst habe. Ich bewundere ihn. Manchmal stelle ich mir seine hilflose Lage vor und dann kommen mir auch schon mal die Tränen. Die lasse ich laufen und er kriegt das nicht unbedingt mit. Nicht lange bevor er stirbt, wird ein Fernsehfilm über diese Situation gemacht. K. wollte gerne mitmachen und hat es genossen obwohl es wahnsinnig anstrengend für ihn gewesen sein muss. In dem Film kann man u.a. sehen, wie wir nackt zusammen liegen, uns küssen und berühren. Normalerweise biete ich keinen Oralkontakt an, aber hier habe ich eine Ausnahme gemacht, weil unsere Möglichkeiten sehr eingeschränkt waren. Dieser Film wurde schon viele Male gezeigt und hat viele Leute berührt oder auch geöffnet für diese Situation. Mit dieser Situation meine ich die Tatsache, dass jemand, der nicht in der Lage ist, selber sexuellen Kontakt herzustellen, dennoch dieses braucht und sich das gegen Bezahlung organisieren kann.

K.´s Vater, der große Bedenken gegen die Filmaktion hatte, erkennt mittlerweile an, dass es wichtig war und spricht von seinem Vermächtnis.

Mit K.´s Mutter habe ich auch jetzt fast zwei Jahre nach seinem Tod immer noch Kontakt. Wir trinken Tee zusammen oder besuchen eine Ausstellung und reden sehr ehrlich über Beziehungen, Trauer, Ängste, Herausforderungen. Wir lachen und teilen Traurigkeit" (de Vries 2002e, 3f).

In einem dritten Bericht gibt Nina de Vries Einblick in die Arbeit mit einem jungen Mann mit autistischem Syndrom, der auch schon vorher im Zusammenhang mit dem Interview mit Ruth Terrinde erwähnt wurde. Meiner Meinung nach, stellt dieser Beitrag ein beeindruckendes Beispiel für die Notwendigkeit einfühlsamer Arbeit dar.

„Mit A. komme ich in Kontakt durch seine Gestalttherapeutin. Er ist 21 Jahre alt und schwerst autistisch. Durch jahrelanges Training und Übung kann er sich teilweise über Gebärdensprache verständigen. Ansonsten drückt er sich über Töne und Gesichtsausdrücke aus. Er wohnt in einer WG (in einer Stadt, ca. 400 km von Berlin) mit anderen Autisten und Gehörlosen. Seine Gestalttherapeutin (G.T.), die ihn schon seit er ganz klein ist kennt, macht jede Woche Sitzungen mit ihm, in denen sie ihn auch massiert und basal stimuliert. Durch jahrelange behutsame, einfallsreiche und liebevolle Betreuung ist er mittlerweile in der Lage, sich berühren zu lassen und sich einigermaßen auf Kontakt einzulassen. Seine Mutter hat mich in eine Talkshow im Fernsehen gesehen und daraufhin die G.T. gebeten, sich mit mir in Verbindung zu setzen. Er hat seit einer Weile Erektionen und drückt sich sanft, aber auch dringlich an seine Mutter, seine Therapeutin und auch an die eine oder andere Betreuerin. Auch versucht er ohne Erfolg zu masturbieren und tut sich selbst weh dabei. Sie wollen ihm die Möglichkeit bieten, mit einer Frau zusammen zu sein. Ich soll ihm auch zeigen, wie masturbieren geht. Die erste Sitzung verlief so weit ich mich erinnern kann so, dass A. wohl 1 ½ Stunde lang versuchte, den Mut zu finden, es überhaupt mit mir in einem Zimmer auszuhalten. Ich durfte seinen Rücken mit einer Hand berühren. Seitdem war ich insgesamt sechs oder sieben mal da. Die Sitzungen sind so unterschiedlich verlaufen, dass es nicht kurz zusammenzufassen ist. Es gibt keine stetige Entwicklung. Es gibt Momente von 'Erfolg` = A. entspannt sich in der Situation und experimentiert mutig. Ich darf nicht auf eigene Faust etwas machen, sondern muss mich von ihm leiten lassen. Als Autist hat er sehr stark das Bedürfnis, die Situation zu kontrollieren. In dem Sinne ist es meine Herausforderung, da zu sein und unentwegt einzuladen, ohne Druck zu machen. Eine nicht leichte, aber wunderbare Aufgabe. Manchmal ist er auch 'ausgerastet`, das heißt er hat seine Kleider zerrissen, gebrüllt, auf den Boden uriniert. Seine Therapeutin und eine feste Betreuerin sind immer gleich im Zimmer nebenan und kümmern sich um ihn in solchen Momenten, während ich mich um mich kümmere... solche Situationen lösen auch Angst aus. A. hat mir mal auf wunderbare Weise klargemacht, dass sein Ausrasten wohl nichts mit mir zu tun hat, indem er mich beim Abschied an die Hände genommen und mir in die Augen geguckt hat, dabei hat er gegrunzt und genickt. Ich habe es als sehr rücksichtvoll erlebt. Es wurde mir gesagt, dass er manchmal nach einer Sitzung eine ganze Weile vollkommen still und ruhig, fast selig im Schneidersitz auf seinem Bett gesessen hat. Normalerweise ist er eher überaktiv. Weil er nicht sprechen kann, bin ich völlig angewiesen auf die Beobachtungen und Deutungen von seinen 'Leuten`. Die Mutter habe ich auch kennen gelernt. Für sie ist es selbstverständlich, dass er eine Sexualität hat und dass er solche Erfahrungen braucht. Und weil er sie nicht selber organisieren kann, tut sie es eben für ihn.

Mittlerweile hat er auch eine Erektion während unsers Zusammenseins und hat etwas männliches bekommen, als ob er mehr in seinen Körper gekommen ist. Obwohl ich es ihm nicht direkt gezeigt habe, hat er mittlerweile entdeckt, wie masturbieren geht. Wir haben abgemacht, das ich jetzt alle drei Monate komme. Idealerweise würde ich jeden Monat kommen, aber die Reise ist weit und die Mutter muss mich auch bezahlen für meine Arbeit"

(de Vries 2002e, 4).

3.2 Sexualbegleitung im Heim – eine Betreuerin über die Begegnung zwischen einem Mann aus ihrer Wohngruppe und einer Sexualbegleiterin

Bettina M., Sozialpädagogin in einer Wohngruppe für Menschen mit geistiger Behinderung und Mitglied im AK Sexualität und Partnerschaft für Menschen mit Behinderung der SBS in München, schreibt über einen Bewohner, der Sexualbegleitung wahrnimmt:

„Als klar war, dass wir gute Sexualbegleiter/innen gefunden hatten, schoss es mir gleich durch den Kopf: 'Das ist was für Klaus'. Klaus lebt in unserer Wohngruppe, ist 38 Jahre alt, mit großem Verlangen nach sexuellen Kontakten. Er hatte zwar mal eine Freundin, aber die hat sich schnell wieder von ihm getrennt. Ob es zwischen den beiden überhaupt je zum Geschlechtsverkehr gekommen ist, weiß ich nicht.

Ich habe beim Abendessen unseren Bewohnerinnen und Bewohnern von der Möglichkeit der Sexualassistenz erzählt. Wie erwartet fragte Klaus, kaum dass die Teller in die Spülmaschine geräumt waren, nach der Telefonnummer von 'Carla'. Ich gab sie ihm. Klaus hat eine kleine Erbschaft gemacht. Die 70 Euro, die das Vergnügen kosten sollte, konnte er sich leisten. Klaus hat keine Eltern mehr, sein gesetzlicher Betreuer würde nichts dagegen haben, das wusste ich aus vorhergehenden Gesprächen.

Die Spülmaschine war noch beim Vorspülen, da stand Klaus schon wieder in der Küche, voll empört. 'Das ist ja das Letzte!', schnaufte er. Wie sich herausstellte, hatte er bei Carla angerufen und die hatte ihn abblitzen lassen. Sie wußte nicht, dass der Anruf aus einer Wohngruppe für behinderte Menschen kam, und reagierte sauer, als Klaus sich aufmantelte und Sprüche von sich gab wie: 'Kannst ruhig her kommen. Kriegst ja sonst keinen ab!'. – Das erfuhr ich, als ich bei Carla anrief, um mich zu erkundigen, was schief gelaufen war.

Ich erklärte Klaus, dass er sich im Ton vergriffen habe und Carla deshalb so ablehnend reagiert habe. Ich sagte ihm, dass auch Frauen, die solche Dienstleistungen anbieten, mit Respekt zu behandeln seien. Er verstand mich, fasste sich ein Herz, rief noch einmal an – und da konnten sich die beiden auf einen Termin verständigen.

Klaus war nun nicht mehr zu halten. Er räumte sein Zimmer auf, putzte und saugte Staub wie noch nie zuvor in seinem Leben. Als Carla am vereinbarten Tag schließlich kam, eine hübsche, frische Frau in Jeans und T-Shirt, da hatte sich Klaus so gründlich geduscht und gestylt wie seit Jahren nicht.

Carla blieb etwa eineinhalb Stunden bei Klaus. Die meisten Bewohner waren zu dieser Zeit übrigens nicht im Haus, aber diejenigen, die da waren, wussten, welche Art von Besuch Klaus hatte. Das Erstaunliche: Es wurden keine Witze gemacht, es gab keine spitzen Bemerkungen. Die allgemeine Haltung war wohl: Schauen wir mal, wie es dem Klaus damit geht.

Carla meldete sich nach dem Besuch telefonisch bei mir, und ich war verblüfft, wie viel sie in der kurzen Zeit über Klaus erfahren hatte. Dass sein Selbstbewusstsein sehr gering war, dass er vermutlich noch nie Geschlechtsverkehr mit einer Frau hatte, dass er sehr anlehnungsbedürftig sei und wohl sehr unter den Einschränkungen durch seine Behinderung leide.

Als Klaus sich von Carla verabschiedet hatte, kam er gleich zu mir. Der Mann leuchtete direkt, so glücklich war er. 'So etwas habe ich noch nie erlebt`, erzählte er. 'In meiner Seele geht es mir jetzt so gut`.

Das dicke Ende kam später. Am Abend saß er auf seinem Balkon und weinte. Ich fragte, was los sei. 'Ich glaube, ich habe mich verliebt`, sagte er. Ich habe mich dann zu ihm gesetzt und ihm erzählt, dass Carla für ihn gearbeitet hat – so wie wir Betreuer eben für ihn arbeiten, aber dass das mit Liebe und Partnerschaft nichts zu tun habe. Dass sie nicht wiederkommen werde, wenn er glaubt, er liebe sie und sie ihn. Dass er jedes Mal bezahlen müsse, wie er sie ja auch bezahlt habe und dass sie wiederkommen würde – für Geld eben und nicht aus Liebe.

Er hat es verstanden. Carla war letzen Monat wieder bei ihm und wieder muss es ihm richtig gut gegangen sein mit ihr. Seitdem ist der Mann wie umgewandelt. Er achtet auf sein Äußeres, er hält sein Zimmer super in Ordnung und er strahlt ein neues Selbstbewusstsein aus. So, als habe er ein schönes Geheimnis"

(Bettina M. zitiert nach Achilles 2002).

3.3 Sexualbegleitung und Eltern – eine Mutter über ihre Schwierigkeiten und den Lohn der Mühen

Die Mutter eines 27jährigen Mannes, der bei einem Unfall Schädel-Hirn-Verletzungen davontrug und nun in einem Wohnheim lebt, berichtet in einem Interview mit der Sexualbegleiterin Nina de Vries von ihren Erfahrungen mit Sexualbegleitung und von den Erfahrungen ihres Sohnes.

"Wie kamen Sie dazu, mich anzurufen und wie war das dann für Sie? Wie haben Sie das erlebt/erfahren?

Ich bin in dem Selbsthilfeverband „Schädel-Hirnverletzte in Not" und da haben Eltern bei einem Treffen dieses Thema angesprochen. Dass sie beobachten, dass ihr Sohn, der auch einen Unfall hatte, wieder sexuelle Bedürfnisse entwickelte. Ich habe diese Leute wahnsinnig bewundert, weil ich zu der Zeit überhaupt nicht den Mut gehabt hätte, dieses Thema anzusprechen. Es ist ein Tabu und ich habe Hemmungen. Das war so der erste Auslöser. Dann habe ich verstärkt darüber nachgedacht und habe zeitgleich bei R. beobachtet, dass er Erektionen hatte. Zum Zeitpunkt des Unfalls war er neunzehn Jahre und seit anderthalb Jahren in einer festen Beziehung, die erste Beziehung die er hatte. Dann passierte der Unfall und da war Sexualität erst mal kein Thema. Da standen erst mal andere Dinge im Vordergrund. Im Verband Schädel-Hirnverletzte habe ich dann auch von Ihnen gehört. Von einer Frau, die Sie in den Beelitzer Heilstätten kennen gelernt hatte, wo Sie auch mal mit jemanden gearbeitet hatten. Sie hat mir auch ihr Material gegeben. Wir haben uns dann vermehrt in der Regionalgruppe Brandenburg darüber unterhalten. Da bekam ich dann mit der Zeit immer mehr mit, dass sich diese Frage auch andere Leute stellen und darüber nachdenken. Dann habe ich sie irgendwann angerufen nachdem ich den Hörer nach dem Wählen bestimmt zehn mal wieder weggelegt hatte. Oder angefangen hatte zu wählen und wieder aufgehört hatte.

Was war die Befürchtung, die Sie hatten?

Es war die Hemmung überhaupt erst mal über meinen eigenen Schatten zu springen. Ich bin noch eine andere Generation. Als ich jung war, gab es noch nicht mal die Pille und über Sexualität gesprochen hat man schon gar nicht. Mit R. habe ich auch nicht darüber gesprochen. Eine wildfremde Person anzusprechen über so ein intimes Thema, das war schon wahnsinnig....!

Wir haben dann mehrere Male länger telefoniert. Das Video habe ich mir angeschaut und weil darin auch eine Mutter über ihren Sohn erzählt, hat mir das geholfen zu sagen: OK, ich springe. Was heißt, *ich springe*? R. muss ja genau so springen. Ich habe auch mit ihm darüber geredet, ob er das möchte und habe an seinen Reaktionen, die ja nicht immer 100% verlässlich sind, doch das Gefühl gehabt.....ja.

Wie war es dann, als es tatsächlich stattfand das erste Mal?

Ich stand unter totaler Spannung. Ich hätte mir gewünscht, unsichtbar mit einer Tarnkappe in dem Raum anwesend sein zu können. Nicht weil ich neugierig bin, aber, weil ich gerne genau wissen will was mit meinem Sohn passiert. Ob es OK ist für ihn... obwohl ich ja eigentlich weiß, dass wenn etwas nicht OK ist für ihn, dass er das deutlich angibt. Ich war dann richtig glücklich als Sie rauskamen und mit Ihrem Daumen anzeigten, dass es gut verlaufen war.

Ich habe gehört, dass es wohl viele Mütter geben soll, die irgendwann entscheiden selber „Hand an zu legen", weil sie auch wahrnehmen, wie ihr Sohn unter diesem (sexuellen) Druck leidet. Wie war das bei Ihnen?

Ich weiß nicht, ob und wie viele Eltern es gibt, die ihren Söhnen behilflich sind. Aber ich weiß, dass ich in schweren Gewissenskonflikten war. Jeder gesunde Mann wird z.B. dann und wann masturbieren. Dies kann der größere Teil unserer betroffenen Angehörigen nicht mehr, weil sie durch ihre Schädel-Hirn-Verletzung ihre Arme/Hände nicht mehr gebrauchen können. Ich bin daher sehr froh, von Ihnen gehört und diese Lösung für uns gefunden zu haben. Ich denke, R. geht es genau so.

Jetzt war ich innerhalb von einem Jahr sechs mal da. Wie empfinden Sie die Situation jetzt und was meinen Sie, ist die Bedeutung davon für R.?

Ich bin erst mal ein bisschen stolz auf mich, dass ich es geschafft habe über diesen Berg zu steigen, weil das sehr, sehr schwer war. Ich freue mich für R., dass er wieder ein Stückchen Leben errungen hat. Was ihm zusteht. Was normal ist für einen Mann in seinem Alter. Was er auf andere Art nicht kann; es wird nie so sein, dass er eine Beziehung zu einer Frau herstellen kann. Und ich bin auch irgendwie stolz auf ihn, dass er noch weiß, worum es geht. Das ist wieder ein Punkt für mich: er ist normal. Mag er viele eigenartige Verhaltensweisen entwickelt haben, er ist trotz des Unfalls intelligent und er ist normal! Und es ist völlig normal, was er da für Bedürfnisse hat.

[...]

Haben Sie Tipps oder Ratschläge für andere Eltern in dieser Situation? Etwas was Sie diesen Eltern gerne sagen möchten, weil **Sie** *das gebraucht hätten z.B.?*

Es ist sicher wichtig, dass wir lernen, über unsere Sexualität zu sprechen. Das wird mir jetzt sehr bewusst seitdem ich auch versuche R. eine Tür diesbezüglich im Heim zu öffnen (bis jetzt ist es nicht möglich auch (sexualbegleitende) Sitzungen im Heim durchzuführen, weil der Heimleiter nicht einverstanden ist).

Ich habe noch keine klare Antwort, spüre aber verstärkte Gesprächsbereitschaft von Seiten des Pflegepersonals und der Pflegedienstleitung. Man muss lernen darüber zu reden. Das war ein Punkt der mir unheimlich schwer gefallen ist, aber ich denke, da muss wahrscheinlich jeder durch. Man muss sein Kind oder seinen Angehörigen sehr genau beobachten, auf Zeichen achten und darauf reagieren – und das versuche ich zu tun. R. ist das wichtigste in meinem Leben und ihm zu helfen, soviel Normalität und Lebensqualität wie nur irgend möglich wieder zu erreichen, das ist es, was mir am meisten am Herzen liegt. Und ich denke schon, dass Sexualität zur Lebensqualität dazu gehört."

(de Vries 2002f, Herv. i. Orig.)

3.4 Sexualbegleitung – "Das war ein schönes Gefühl"

Als letztes Beispiel ein Interview, das Doris Arp mit einem der ersten Kunden von Sensis führte. Der 45 Jährige ist spastisch gelähmt und lebt in einem Wohnheim in Wiesbaden.

„D.A.: Viele können sich vermutlich gar nicht vorstellen, warum man sich an einen professionellen Kontakt-Service wendet. Können Sie deshalb mal beschreiben, wie ihr Sexualleben bisher aussah?

K.G.: Schon mit 12 Jahren habe ich die erste Sehnsucht nach Sexualität gehabt. Das ist doch eigentlich normal. Aber ich bin damit immer ziemlich allein gelassen worden. Mein Problem ist, dass ich mich nicht Selbstbefriedigen kann. Ich hätte mir jemanden gewünscht, der das für mich macht. Natürlich hätte ich auch gerne eine Partnerin. Vor elf Jahren war ich mal fünf Jahre lang verheiratet. Wir haben im Wohnheim gelebt. In der Zeit hab ich auch keine Probleme mit der Sexualität gehabt. Aber nach der Trennung, da hab ich gemerkt, daß ich doch ziemlich alleingelassen werde. Der Druck war so schlimm, dass ich keinen Spielfilm im Fernsehen mehr sehen konnte. Es gibt einen gewissen Druck und da muß man sich irgendwann abreagieren. Sonst wird der Druck zu groß, sonst wird man aggressiv.

D.A.: Wie haben sie versucht mit dem Druck und der Sehnsucht nach körperlicher Nähe umzugehen?

K.G.: Ich wollte es unterdrücken mit Alkohol, aber das ging nicht. Ich bin zu Prostituierten gefahren. Die machen es sehr lieblos und es war ein Problem, weil es so teuer war. Das kostet 200 – 500 Mark.

D.A.: Sie sind einer der ersten, die den Dienst von Sensis in Anspruch genommen haben. Wie war das erste Mal und wie läuft das überhaupt?

K.G.: Ich rufe bei Sensis an, ob jemand kommt. Dann gibt sie meine Telefonnummer weiter an die Mitarbeiterin und die macht einen Termin mit mir aus. Ich war sehr aufgeregt, weil ich nicht wusste, was für eine Frau mich erwartet. Sie kam bei mir rein und hat gesagt: 'Hallo, ich bin die Mitarbeiterin`. Und dann haben wir uns ein bißchen unterhalten. Dann hat sie mich ausgezogen, dann hat sie sich ausgezogen und ich konnte sie auch anfassen. Und dann hat sie mir einen runtergeholt und Geschlechtsverkehr gemacht. Das war ein schönes Gefühl.

D.A.: Wie empfinden sie das Abbrechen nach 45 Minuten[49, M.K.] und die Bezahlung am Schluss?

K.G.: Da ist natürlich ein Problem, das möchte ich gerne besonders erklären. Es ist ein großer Ärger, daß man für so was Geld bezahlen muß. Einfacher und schöner wäre es, wenn man einen Partner hat. Dann hätte man mehr Vertrauen, nicht nur in Sexualsachen, sondern auch in anderen Sachen. Bei einer Partnerschaft kommt es nicht nur auf Sex an. Aber wer will schon mit einem Spastiker eine Partnerschaft? Also müssen wir bezahlen. Sensis ist nicht die Optimallösung, aber einguter Ersatz.

D.A.: Sie verdienen in der Werkstatt 250 Mark im Monat. Da ist mit einem Besuch schon die Hälfte ihres Einkommens weg.

K.G.: Ich kann mir das nur alle sechs, acht Wochen leisten. Aber Ich habe mit meiner Ärztin darüber gesprochen. Es müsste eigentlich genau wie Krankengymnastik oder Beschäftigungstherapie als eine Art psychologische Behandlung von der Krankenkasse bezahlt werden. Ich habe genauso normale Gefühle, wie jeder andere auch, Sehnsucht nach Zärtlichkeit, Geborgenheit, Liebe, Vertrauen und ich sehe nicht ein, warum ich das immer unterdrücken soll. Aber leider habe ich den Eindruck, daß die sog. Nicht-Behinderten glauben, daß ein spastisch Gelähmter wegen seiner Motorik keine Zärtlichkeit empfinden kann."

(Arp 1996)

---

[49] Zur Zeit des Interviews war die Dienstleistung bei Sensis auf max. 45 Minuten beschränkt.

4 Schlussbemerkung

Sexualität als Grundbedürfnis des Menschen gilt gerade im Hinblick auf Menschen mit geistiger Behinderung immer noch als Tabu und oft sind es die von nichtbehinderten Personen gestalteten bzw. bestimmten Lebensumstände, die Menschen mit Behinderungen zusätzlich zu Schwierigkeiten aufgrund der Schädigung daran hindern dieses Grundbedürfnis auszuleben. Menschen mit geistiger Behinderung *werden* somit in ihrer Sexualität *behindert* und stoßen nicht nur an ihre eigenen, sondern häufig vielmehr an die Grenzen derer auf deren Hilfe und Unterstützung sie angewiesen sind.

Die Anerkennung der Sexualität als Grundbedürfnis eines jeden Menschen und die Tatsache, dass sich diese Sexualität individuell äußert und individuell gelebt werden will, stellt alle die mit Menschen mit geistiger Behinderung arbeiten und zusammenleben, vor ein breites Spektrum an Aufgaben, Schwierigkeiten und Problemen. Vor allem deshalb, weil aus der Anerkennung der Sexualität auch die nötige Unterstützung folgen sollte, die Menschen mit geistiger Behinderung auch im Bereich der Sexualität mehr oder weniger intensiv brauchen.

Hier geht es neben der Umgestaltung von Wohnräumen und Konzeptionen um Informations- und Beratungsangebote, um sexualpädagogische Maßnahmen und um Sexualbegleitung. Passive und aktive Sexualbegleitung bieten ein weites Diskussionsspektrum, bei dem nicht ein pädagogischer Auftrag oder eine therapeutische Intervention im Vordergrund stehen sollte, sondern die Tatsache, dass es um die Ermöglichung der Befriedigung eines Grundbedürfnisses geht.

Aktive Sexualbegleitung bietet Menschen mit geistiger Behinderung die Möglichkeit, unabhängig von der Ausprägung ihrer Behinderung, Körperkontakte, Intimität und Sexualität befriedigend zu leben. Hier geht es nicht um Prostitution im herkömmlichen Sinn und auch nicht um eine „Zwangsbeglückung" aller Menschen mit Behinderung, sondern darum Kontakte zu gestalten, die bisher verwert blieben oder darum konkrete Anleitung zu geben, wenn der betreffende zum Beispiel Probleme dabei hat, sich selbst zu befriedigen.

An dieser Stelle möchte ich noch einmal Aspekte der Diskussion erwähnen, die mir besonders wichtig erscheinen.

Gerade Menschen die auf die Hilfe anderer angewiesen sind, sind abhängig von deren Einstellungen und im Bezug zur Sexualbegleitung auf deren Haltung gegenüber Sexualität im Allgemeinen und Sexualität behinderter Menschen im Konkreten. BetreuerInnen und Eltern werden mit der Forderung, sexuelle Bedürfnisse von Menschen mit geistiger Behinderung anzuerkennen und nicht zu leugnen und damit auch ihre Unterstützung in der Befriedigung dieser Bedürfnisse zu leisten vor eine Herausforderung gestellt. Dabei werden sie nicht selten mit ihrer eigenen sexuellen Sozialisation, mit ihren Moralvorstellungen und Werten konfrontiert. In dem weiter oben angeführten Interview zwischen Nina de Vries und einer Mutter, schildert die Mutter diese Problematik sehr deutlich. Sie hat die Bedürfnisse ihres Sohnes erkannt und weiß um den Handlungsbedarf der nun besteht, aber der Schritt Kontakt mit einer Sexualbegleiterin aufzunehmen, bereitet ihr Probleme: „Es war die Hemmung, überhaupt erst mal über meinen eigenen Schatten zu springen. Ich bin noch eine andere Generation. Als ich jung war, gab es noch nicht mal die Pille und über Sexualität gesprochen hat man schon gar nicht. Mit R. habe ich auch nicht darüber gesprochen. Eine wildfremde Person anzusprechen über so ein intimes Thema, das war schon wahnsinnig....!" (de Vries 2002f). Solche Überlegungen betreffen nicht nur Eltern und Betreuungspersonal, sondern auch die Träger der Einrichtungen in denen Menschen mit Behinderung leben. Der oben erwähnte junge Mann nimmt mittlerweile die Dienste der Sexualbegleiterin in Anspruch. Möglich ist ihm das aber nur während der Wochenendbesuche bei seinen Eltern, da der Heimleiter seines Wohnheimes solche Dienste ablehnt. Gerade Bewohner von Einrichtungen mit kirchlichem Träger sehen sich immer wieder diesem Problem ausgesetzt. Hier wird deutlich welche Notwendigkeit in der Auseinandersetzung mit dem Thema Sexualität besteht. Die Anerkennung der Sexualität der Menschen mit geistiger Behinderung und allem voran die Anerkennung der Sexualität als Grundbedürfnis und die Überwindung von Tabus und von diskriminierenden Moralvorstellungen, sind die Basis für die Ermöglichung gelebter Sexualität und Sexualbegleitung. Das kostet Mühe und Kraft für alle Beteiligten. So schreibt Nina de Vries: „Durch meine Arbeit lerne ich Menschen kennen, die Mut aufbringen müssen und das auch tun. Sie müssen über Grenzen gehen. Die Eltern, die den Mut haben wahrzunehmen, dass ihr 'Kind` ein sexuelles Wesen ist. Der/die schwerst körperlich Behinderte, der/die sich seine/ihre sexuelle Erfüllung nicht nehmen lässt, aus Angst vor Ablehnung. Der/die Assistent(in), der/die es wagt im Team dieses Thema anzusprechen... und so weiter" (de Vries 2002c).

In diesem Zusammenhang steht auch das Argument, dass Sexualbegleitung nicht bedeutet, jede sexuelle Spielart, egal wie sie geartet ist, zu ermöglichen und es geht auch nicht darum, Betreuungspersonal oder Eltern zu Handlungen zu verpflichten, die ihre Grenzen überschreiten. Sporken relativiert die Aussage „Der Behinderte hat ein Recht auf sexuelle Verwirklichung, und die Nichtbehinderten haben die (ethische) Pflicht, ihm dazu positiv zu helfen" (Sporken 1974, 163) in dem Sinne, dass Unterstützung zwar alles Mögliche gewähren muss, dies aber nicht unabhängig von den Möglichkeiten und der Person des Helfers. Im Zusammenhang der Diskussion über eine Sexualethik schreibt Schmidt: „die Grundnorm der Sexualethik ist die Menschenwürde, das Recht auf Sexualität, der Respekt vor der Selbstbestimmung" (Schmidt 2002, 219). Und eben dieses Recht auf Selbstbestimmung und die Würde des Menschen steht allen Beteiligten zu.

Neben der Gefahr, dass Bedürfnisse missachtet oder übersehen werden, ergibt sich die Gefahr, dass die allgemeine Verwirklichung der Sexualität im Alltag vergessen wird, dass Einrichtungen, Betreuungspersonal und Eltern, so zu sagen ihre Aufgabe erfüllt sehen, wenn sie den Besuch von SexualbegleiterInnen ermöglichen. Ein ganz wesentlicher Faktor in der Auseinandersetzung mit Sexualbegleitung muss die Erkenntnis sein, dass aktive Sexualbegleitung nicht die letztendliche Lösung aller aufkommenden Probleme sein kann. Gerade dann nicht, wenn sie als alleiniges 'Zugeständnis`, womöglich hinter vorgehaltener Hand, ermöglicht wird. Neben der Tatsache, dass aktive Sexualbegleitung allein keine erfüllte Sexualität ausmachen kann, dass sich in der Arbeit und im Zusammenleben mit Menschen mit Behinderung und auch im Umgang mit Bedürfnissen und Thematiken aus dem äußeren und mittleren Bereich nach Sporken, noch vieles ändern muss, muss klar sein, dass Sexualbegleitung keine Beziehung ersetzen kann. Wie oben schon erwähnt, ist es – auch im Zuge der Normalisierung – eine der wichtigsten Aufgaben, Partnerschaften für Menschen mit geistiger Behinderung zu ermöglichen.

In der Auseinandersetzung mit dem Thema kam mir außerdem immer wieder der Gedanke, dass eine eindringliche Beschäftigung mit dem Thema Sexualbegleitung einen sehr intensiven Beitrag zu fortschrittlicher sonderpädagogischer Arbeit leisten kann und in gewisser Weise zukunftsweisend ist. Vielleicht liegt das daran, dass die Ermöglichung eines erfüllten Lebens als ein mit unter sexuelles Wesen, beginnend bei der Anerkennung des Frau- und Mannseins, viele Bereiche des menschlichen Lebens berührt und viele Bereich im Leben von Menschen mit Behinderung verändern muss, die schon seit Jahren zum Beispiel in den Diskussionen um Integration und Normalisierung angesprochen werden. Bestätigung für diesen persönlichen Eindruck fand ich u.a. in Aussagen von Matthias Vernaldi. Er schreibt zum Beispiel: „Mehr als eine erste deutliche Antwort auf die sexuelle Not vieler behinderter Menschen kann Sexualhilfe nicht sein. Das dieser Not zugrunde liegende Problem wird damit nicht gelöst. Dazu ist ein breiter Diskurs über Attraktivität, Lust, Körperlichkeit etc. nötig, der bei weitem nicht nur behinderte Menschen, Sonderpädagogen, Ärzte und Sexualbegleiter angeht" (Vernaldi 2002b, 10). Grundsätzlich ist es um Veränderungen zu ermöglichen wichtig, mit dem Thema in die Öffentlichkeit zu gehen, Einstellungen zu verändern um somit für Menschen mit geistiger Behinderung Chancen zu eröffnen, die weitaus mehr Lebensbereiche betreffen, als auf den ersten Blick ersichtlich. Es geht um Veränderungen in den Bereichen Wohnen, Arbeit, Freizeit und Selbstbestimmung. So kann Sexualbegleitung einen Beitrag zu Normalisierung und Integration unter verschiedensten Aspekten leisten. Im Zusammenhang mit Sexualität spricht Vernaldi dahingehend neben einer „sexuellen Integration" auch eine „ästhetische Integration" an und bezeichnet diese gleichzeitig als Utopie: „Es muss über sexuelle Integration nachgedacht und sicher auch gestritten werden. Als Utopie steht die ästhetische Integration: Der Moderator im Rollstuhl, der keine Behindertensendung moderiert, sondern ein Quiz, das Model mit Skoliose, der Seriendarsteller mit Down-Syndrom – eine Gesellschaft, in der Menschen, nur weil sie amputiert oder spastisch gelähmt sind, nicht weniger Sex haben und weniger Liebesbeziehungen eingehen als andere Leute auch" (ebd. 13).

Ein erster Schritt könnte dabei sein, Sexualität – und vor allem das Ausleben sexueller Bedürfnisse – nicht all zu sehr zu problematisieren. Schwierigkeiten der verschiedensten Art werden sich immer ergeben und über viele Punkte, z.B. Kommunikationsschwierigkeiten, den Umgang mit problematischen Situationen während einer Sitzung, die Art der individuellen Hilfsbedürftigkeit, muss auch diskutiert werden. Neue Möglichkeiten sollten aber nicht aufgrund eventueller Schwierigkeiten und Probleme und schon gar nicht aufgrund überholter Moralvorstellungen schon im Keim erstickt werden. Die Hürden, auf die wir bereits gestoßen sind können abgebaut werden (vgl. Finke 1996), auch wenn dahinter viel Mühe und Arbeit steht. So stellt sich für alle Beteiligten weniger ein Problem, als viel mehr eine Herausforderung, für die es höchste Zeit ist sich ihr zu stellen.

5 Literaturverzeichnis

Achilles, I.: Wider die guten Sitten? Die Sache mit der Sexualassistenz. In: Lebenshilfe für Menschen mit geistiger Behinderung e.V. Stadt u. Landkr. München: L.I.E.S. Lebenshilfe in eigener Sache. Themenheft: Liebe, Lust und Frust. 26. Jahrgang, Nr. 1/2003; S. 22-25.

Achilles, I.: Bezahlte Lust – keine Liebe. Sexualassistenz: Eine Mutter, eine Wohnheimmitarbeiterin und eine Sexualbegleiterin schildern ihre Erfahrungen. In: Lebenshilfe-Zeitung Nr. 4/23.Jg., Weinheim Dezember 2002, S. 11.

Ackermann, K.-H.: Selbstbestimmt leben und Sexualassistenz. Vortrag auf der Tagung Behinderung zwischen Autonomie und Angewiesensein – psychoanalytische Zugangsweisen. Berlin 2003.

Adam, H.: Wenn der schlafende Hund in den Brunnen gefallen ist.... Kinderwunsch und Elternschaft von Menschen mit geistiger Behinderung in Lehrplänen. Datum der Veröffentlichung unbekannt, online veröffentlicht unter

http://www.uni-leipzig.de/~gbpaed/texte/baende/wien.html, abgerufen am 14.02.2003, 14:34 Uhr.

Adam, H.: Liebe macht erfinderisch. Ausgewählte Studien zur Geistigbehindertenpädagogik. Edition Bentheim, Würzburg 1990.

AG Sexualität und Behinderung: Bitte nicht stören. In: Friedrich Verlag; Klett (Hrsg.) u. Friedrich, E.; Speck, O. (Mitherausgeber): Zusammen: Behinderte und nicht behinderte Menschen. Die Last mit der Lust. Friedrich Verlag, 20. Jhg., 4/2000, S. 4-7.

Albers, Stan: Sensis. E-mail vom 28.04.2003, mit freundlicher Genehmigung des Verfassers.

Aly, M.: Therapie und Pädagogik: Ein Spannungsverhältnis bei der Integration behinderter Kinder. Vortrag im Rahmen der Informationsveranstaltung zur "Integration von Kindern mit besonderen Bedürfnissen", veranstaltet von der Sozialpädagogischen Fortbildungsstätte "Haus am Rupenhorn" in Kooperation mit der Pikler-Gesellschaft Berlin am 10. Februar 1989 (Programmnummer: R 13-22/89), bidok – Volltextbibliothek: Wiederveröffentlichung im Internet unter:

http://bidok.uibk.ac.at/bib/therapie/aly-therapie.html, Stand: 09.07.2002, abgerufen am 17.02.2003, 17:59 Uhr.

Antor, G.: Menschenrechte. In: Antor, G.; Bleidick, U.: Handlexikon der Behindertenpädagogik. Schlüsselbegriffe aus Theorie und Praxis. Kohlhammer, Stuttgart, Berlin, Köln 2001, S. 308-310.

Arp, D.: Zärtlichkeit auf Bestellung. Agentur vermittelt Liebesdienst für Behinderte. In: Friedrich Verlag; Klett (Hrsg.) u. Friedrich, E.; Speck, O. (Mitherausgeber): Zusammen: Behinderte und nicht behinderte Menschen. Friedrich Verlag, 16. Jhg., 2/1996, S.12-13.

Bach, H.: Sexuelle Erziehung als Eingliederungshilfe bei geistiger Behinderung. 3. völlig neub. Aufl. v. „Sexuelle Erziehung bei Geistigbehinderten", Carl Marhold Verlagsbuchhandlung, Berlin 1981.

Bader, I.: Körperlichkeit und Sexualität. In: Pädagogik bei schwerster Behinderung. Handbuch der Sonderpädagogik Bd. 12, Ed. Marhold im Wiss.-Verl. Spiess, Berlin 1991, S. 221-229.

Bahnversicherungsanstalt: Wichtige Informationen zur Grundsicherung. Stand 10.12.2002, online veröffentlicht unter

http://www.bahnva.de/internet/bahnva/bvahome.nsf/c67432490046b9f941256595003f6fdf/0de0472344228abb41256c070042bf49?OpenDocument, abgerufen am 04.03.2003, 13:45 Uhr.

Bannasch, M. (Hrsg.): Behinderte Sexualität – verhinderte Lust?. 1. Aufl., AG SPAK, Neu-Ulm 2002.

Bannasch, M.: „Menschliches Sein – Human Being". In: Bannasch, M. (Hrsg.): Behinderte Sexualität – verhinderte Lust?, 1. Aufl., AG SPAK, Neu-Ulm 2002, S.7-18.

Battistich P.; Rett, A.: Zur Sexualität Geistigbehinderter. In: Zeitschrift für Sexualmedizin, Heft 10/1977.

Bauer, M.; Hartmann, C.; Krack, T.u.a.: Selbstbestimmung. In: Breitenbach, E. (Hrsg.): Reader zur Studententagung „Erwachsen-werden bei Menschen mit geistiger Behinderung". Universität Würzburg, Geistigbehindertenpädagogik, 2001.

Beauftragter der Bundesregierung für die Belange behinderter Menschen, Haack, K. H.: Eingliederung von Menschen mit Behinderungen. Datum der Veröffentlichung: 2002a, online veröffentlicht unter

http://www.behindertenbeauftragter.de/az/eingliederungvonmenschenmitbehinderungen, abgerufen am 12.03.2003, 19:30 Uhr

Beauftragter der Bundesregierung für die Belange behinderter Menschen, Haack, K. H.: Qualität. Datum der Veröffentlichung 2002b, online veröffentlicht unter http://www.behindertenbeauftragter.de/az/qualitt, abgerufen am 12.03.2003, 19:34 Uhr.

Beck, I.: Normalisierung. In: Antor, G.; Bleidick, U.: Handlexikon der Behindertenpädagogik. Schlüsselbegriffe aus Theorie und Praxis. Kohlhammer, Stuttgart, Berlin, Köln 2001, S. 82-85.

Bieneck, A.; Engelmeyer, E.; Wendt, S.: Werkstatt: Wie kommt der Werkstattlohn zustande. In: Lebenshilfe Zeitung Nr. 4/23 Jg., Dezember 2002, online veröffentlicht unter

http://www.werkstattrat.de/veroeffentlich.htm#drei, abgerufen am 07.04.2003, 16:53 Uhr.

Bollag, Dr. E.: Onanie – schwere Sünde?. In: Bannasch, M. (Hrsg.): Behinderte Sexualität – verhinderte Lust?. 1. Aufl., AG SPAK, Neu-Ulm 2002, S. 224-233.

Brecht, B.: Kalendergeschichten, Rowohlt Verlag, Reibeck 1953.

Bruner, C.F.: Die Herstellung von Behinderung und Geschlecht – Sozialisations- und Lebensbedingungen von Mädchen und Frauen mit (Körper-)Behinderungen. In: Gemeinsam leben – Zeitschrift für integrative Erziehung Nr. 2-00, Hermann Luchterhand Verlag, Neuwied 2000, bidok – Volltextbibliothek: Wiederveröffentlichung im Internet

http://bidok.uibk.ac.at/bib/zeitschriften/gl/gl2-00-geschlecht.html,

Stand: 25.06.2002, abgerufen am 23.03.2003, 18:41 Uhr.

Buber, M.: Ich und Du. Insel-Verlag, Leipzig 1923.

Bürgerliches Gesetzbuch: In der im Bundesgesetzblatt Teil III, Gliederungsnummer 400-2, veröffentlichten bereinigten Fassung vom 24. August 2002, online veröffentlicht unter

http://jurcom5.juris.de/bundesrecht/bgb/xxxx_1.html, abgerufen am 12.02.2003 17:54 Uhr.

Bürgerliches Gesetzbuch: vom 18. August 1896 (RGBl. S. 195); (BGBl. III 400-2), zuletzt geändert durch [...] das Zweite Gesetz zur Änderung reiserechtlicher Vorschriften vom 23. Juli 2001 (BGBl I 1658), Datum der Fassung unbekannt, online Veröffentlicht unter

http://www.jusline.de/juslinede/hlp/BGB/BGBa.html, abgerufen am 12.02.03, 14:20 Uhr.

Bundesministerium der Justiz (BMJ): Schwerpunkte der geplanten Änderungen des Sexualstrafrechts. Herausgegeben von der Stabsstelle Presse- und Öffentlichkeitsarbeit des BMJ, Berlin 2003, online veröffentlicht unter

http://www.bmj.bund.de/ger/service/gesetzgebungsvorhaben/10000655/, abgerufen am 04.04.2003, 19:14 Uhr.

Bundesministerium der Justiz (BMJ) (Hrsg.): Das Bundesministerium der Justiz informiert. Das Betreuungsrecht (Stand Januar 2000). 11. Aufl., Referat für Presse- und Öffentlichkeitsarbeit, Januar 2000.

Bundessozialhilfegesetz: In der Fassung vom 27. April 2002, online veröffentlicht unter

http://jurcom5.juris.de/bundesrecht/bshg/inhalt.html, abgerufen am 30.03.03, 17:20 Uhr.

Bundesvereinigung Lebenshilfe für geistig Behinderte e.V.: Positionspapier zur Frage der Schwangerschaftsverhütung bei Menschen mit geistiger Behinderung. 1. Aufl., Marburg Februar 1988.

Buntstift e.V. Betreuungsverein: Kurzfassung Betreuungsgesetz. Datum der Veröffentlichung unbekannt, online veröffentlicht unter

http://www.buntstifte-ev.de/btg1.htm, abgerufen am 12.02.2003, 19:07 Uhr.

Buttenschøn, J.: Sex – ein Teil des Lebens auch für Entwicklungsgehemmte. In: Finke, K. (Hrsg.): Behinderte Liebe. Wie l(i)ebe ich als behinderte Frau/behinderter Mann in dieser Gesellschaft?. Herausgegeben vom Behindertenbeauftragten des Landes Niedersachsen, Schriftenreihe Band 17, 1996, bidok – Volltextbibliothek: Wiederveröffentlichung im Internet

http://bidok.uibk.ac.at/bib/sexualitaet/finke-liebe.html, abgerufen am 7.02.2003, 13:53 Uhr.

BzgA (Bundeszentrale für gesundheitliche Aufklärung): FORUM. Sexualaufklärung und Familienplanung. Informationsdienst der BzgA, 2/3, 2001.

Cloerkes, G.: Die Stigma-Identitäts-These. Erschienen in: Gemeinsam leben – Zeitschrift für integrative Erziehung Nr. 3-00, S.104-111, Hermann Luchterhand Verlag, Neuwied 2000, bidok – Volltextbibliothek: Wiederveröffentlichung im Internet http://bidok.uibk.ac.at/bib/zeitschriften/gl/gl3-00-stigma.html, Stand: 25.06.2002, abgerufen am 22.03.2003, 13:22 Uhr.

Commandeur, W.; Dürr, S.: An Leidenschaft kein Mangel! Erfahrungen der Arbeitsgruppe „Behinderung und Sexualität" der Spastikerhilfe Berlin. In: BzgA (Bundeszentrale für gesundheitliche Aufklärung): FORUM. Sexualaufklärung und Familienplanung. Informationsdienst der BzgA, 2/3, 2001, S. 20-24.

Commandeur, W.; Krott, K.: Hand anlegen? Sexuelle Hilfestellung und Assistenz. In: Spastikerhilfe Berlin e.V. und Arbeitskreis „Sexualität, Partnerschaft und Behinderung" beim Landesamt für Gesundheit und Soziales Berlin (Hrsg.): Dokumentation. Fachtagung zu Sexualität und Behinderung. TABU und ZuMUTung. 23. und 24. November 2000 im Bildungszentrum Erkner bei Berlin. 2000 Exemplare, August 2001.

Commandeur, W.: Jeder kann erzählen, was er über Liebe erfahren hat. In: Friedrich Verlag; Klett (Hrsg.) u. Friedrich, E.; Speck, O. (Mitherausgeber): Zusammen: Behinderte und nicht behinderte Menschen. Die Last mit der Lust. Friedrich Verlag, 20. Jhg., 4/2000, S. 7.

Cruz, F. de la; La Vec G. (Hrsg.): Geistig Retardierte und ihre Sexualität. Soziokulturelle und medizinische Aspekte. Ernst Reinhard Verlag, München 1975.

Dank, S.: Denkanstöße zur Sexualität schwerstbehinderter Menschen. In: Geistige Behinderung 2/1993, S. 116-133.

Deinert, H.: Das Online-Lexikon Betreuungsrecht. Stand 09.05.2002, online veröffentlicht unter

http://www.ruhr-uni-bochum.de/zme/Lexikon/index.html, abgerufen am 23.03.2003, 11:48 Uhr, mit freundlicher Genehmigung des Autors.

Der BROCKHAUS in einem Band: 8., neubearbeitete Auflage, ungekürzte Buchgemeinschafts-Lizenzausgabe der Bertelsmann Club GmbH u.a., Deutschland 1998.

Der BROCKHAUS mutimedial 2002: CD-ROM-Ausgabe, Bibliographisches Institut & Brockhaus AG, Mannheim 2001.

Der DUDEN: Das Fremdwörterbuch. 6., auf der Grundlage der amtlichen Neuregelung der deutschen Rechtschreibung überarbeitete und erweiterte Auflg., Dudenverlag, Mannheim, Leipzig, Wien, Zürich 1997.

Diehl, U.: Sexualität zulassen!. In: Friedrich Verlag; Klett (Hrsg.) u. Friedrich, E.; Speck, O. (Mitherausgeber): Zusammen: Behinderte und nicht behinderte Menschen. Die Last mit der Lust. Friedrich Verlag, 20. Jhg., 4/2000, S. 16-18.

Ebbing, M.: Haben Behinderte Sex? Datum der Veröffentlichung unbekannt, online veröffentlicht unter

http://www.mebb.de/d_geschi/besex1.htm, abgerufen am 08.03.2003, 12:37 Uhr.

Eggli, U.: Meinen Körper vom Zustand des Neutrums befreien. In: Wießner, P. (Hrsg.): Leben mit Behinderung – Leben mit HIV und AIDS. Eine Annäherung. AIDS-FORUM DAH; Bd. 35, Dt. AIDS-Hilfe, Berlin 1999, S. 99-103.

Feuser G.: Sexualität und Sexualerziehung bei geistige Behinderten. In: Geistige Behinderung IV/1980, S. 194-208.

Finke, K. (Hrsg.): Behinderte Liebe. Wie l(i)ebe ich als behinderte Frau/behinderter Mann in dieser Gesellschaft?. Herausgegeben vom Behindertenbeauftragten des Landes Niedersachsen, Schriftenreihe Band 17, 1996, bidok – Volltextbibliothek: Wiederveröffentlichung im Internet,

http://bidok.uibk.ac.at/bib/sexualitaet/finke-liebe.html, Stand 23.07.2002, abgerufen 17.02.2003, 13:53 Uhr.

Fleischmann, J.; Gründel, B. u.a.: Sexualität und Partnerschaft. In: Breitenbach, E. (Hrsg.): Reader zur Studententagung „Erwachsen-werden bei Menschen mit geistiger Behinderung". Universität Würzburg, Geistigbehindertenpädagogik, 2001.

Frey, B.: Das Recht auf sexuelle Entwicklung – Möglichkeiten sexualpädagogischer Begleitung. In: Bannasch, M. (Hrsg.): Behinderte Sexualität – verhinderte Lust?. AG SPAK, Neu-Ulm 2002, S.103-109.

Fricke, S.; Klotz, M.; Paulich, P.: Sexualerziehung in der Praxis: ein Handbuch für Pädagogen, Berater, Eltern und andere. Bund-Verlag, Köln 1980.

Friedrich Verlag; Klett (Hrsg.) u. Friedrich, E.; Speck, O. (Mitherausgeber): Zusammen: Behinderte und nicht behinderte Menschen. Die Last mit der Lust. Friedrich Verlag, 20. Jhg., 4/2000.

Friedrich Verlag; Klett (Hrsg.) u. Friedrich, E.; Speck, O. (Mitherausgeber): Zusammen: Behinderte und nicht behinderte Menschen. Friedrich Verlag, 16. Jhg., 2/1996.

Gästebuch sensis Hessen: Online unter

http://www.sensis-hessen.de/grainbook/guestbook.php?start=71, zuletzt abgerufen am 20.04.2003, 20:17 Uhr.

Gesellschaft für Partnerschaftliche Kommunikation e.V.: Projekt: Begleitung und Unterstützung behinderter Menschen bei Sexualität und Partnerschaft. Unveröffentlicht, mit freundlicher Genehmigung der Autoren, München 2002a.

Gesellschaft für Partnerschaftliche Kommunikation e.V.: Begleitung und Unterstützung behinderter Menschen bei Sexualität und Partnerschaft. Ein Konzept. Unveröffentlicht, mit freundlicher Genehmigung der Autoren, München 2002b.

Gillissen, B.: Dunkle Schatten! Sexueller Missbrauch. In: Friedrich Verlag; Klett (Hrsg.) u. Friedrich, E.; Speck, O. (Mitherausgeber): Zusammen: Behinderte und nicht behinderte Menschen. Die Last mit der Lust. Friedrich Verlag, 20. Jhg., 4/2000, S. 27.

Glöckner, H. (Hrsg): Ein starkes Gefühl. Suchtprävention durch Sexualerziehung in der Grundschule. Edition Bentheim, Würzburg 1998.

Goffman, E.: Stigma. Über Techniken der Bewältigung beschädigter Identität. Suhrkamp Taschenbuch Wissenschaft, Frankfurt am Main 1975.

Greb, G.: Eine echte Herausforderung... Unterstützung selbstbestimmter Sexualität Behinderter Menschen im Beruflichen Alltag. In: Friedrich Verlag; Klett (Hrsg.) u. Friedrich, E.; Speck, O. (Mitherausgeber): Zusammen: Behinderte und nicht behinderte Menschen. Die Last mit der Lust. Friedrich Verlag, 20. Jhg., 4/2000, S. 8-10.

Groh, K.; Arp, D.: „Das war ein schönes Gefühl". In: Friedrich Verlag; Klett (Hrsg.) u. Friedrich, E.; Speck, O. (Mitherausgeber): Zusammen: Behinderte und nicht behinderte Menschen. Friedrich Verlag, 16. Jhg., 2/1996, S. 14.

Haack, G.: Das Normalisierungsprinzip 1996. Fragen aus der Praxis. In: Beck, I.; Düe, W.; Wieland, H. (Hrsg.): Normalisierung: Behindertenpädagogische und sozialpolitische Perspektiven eines Reformkonzeptes. Universitätsverlag C. Winter, „Edition Schindele", Heidelberg 1996, S. 44-60.

Haake, D.: Bericht über den „People First Weltkongreß 1998". In: impulse 11/1999, bidok-Volltextbibliothek: Wiederveröffentlichung im Internet:

http://bidok.uibk.ac/bib/zeitschriften/imp11-99-first.html, abgerufen am 15.01.2003, 14:15 Uhr.

Haeberle, E. J.: Die Sexualität des Menschen. Handbuch und Atlas. 2. erw. Aufl., Walter de Gruyter, Berlin, New York 1985.

Haeberlin, U.: Identität. In: Antor, G.; Bleidick, U.: Handlexikon der Behindertenpädagogik. Schlüsselbegriffe aus Theorie und Praxis. Kohlhammer, Stuttgart, Berlin, Köln 2001, S. 191-193.

Heesch, H.: Das „Taschengeld", Datum der Veröffentlichung unbekannt, online veröffentlicht unter

http://www.skfm.de/fachart/f_951_4.htm, abgerufen am 03.04.2003, 13:15 Uhr.

Henschel, A.: Lebenslagen und Interessenvertretung behinderter Frauen. Demokratie und Differenz. In: BzgA (Bundeszentrale für gesundheitliche Aufklärung): FORUM. Sexualaufklärung und Familienplanung. Informationsdienst der BzgA, 2/3, 2001, S. 9-15.

Hergeth, A.: Ein lebendiges Wunder. In: Berliner Behindertenzeitung 02/03, online veröffentlicht unter

http://berliner-behindertenzeitung.de/bbz/02-03/020316.htm, abgerufen am 18.02.2003, 17:52 Uhr.

Huber, N.: Partnerschaft – Liebe – Sexualität. Gedanken zum Thema. In: Walter, J. (Hrsg.): Sexualität und geistige Behinderung. 2. erw. Aufl., Edition Schindele, Heidelberg 1986, S. 12-18.

Kandel, I.; Müller-Erichsen, M.: Liebe und Sexualität. In: psychosozial. 22. Jahrgang – Nr. 77, 1999 – Heft III, bidok – Volltextbibliothek: Wiederveröffentlichung im Internet

http://bidok.uibk.ac.at/bib/sexualitaet/kandel-liebe.html, abgerufen am 08.03.2003, 12:50 Uhr.

Kessel, M.: Sexuelle Hilfsmittel. In: Bannasch, M. (Hrsg.): Behinderte Sexualität – verhinderte Lust?, 1. Aufl., AG SPAK, Neu-Ulm 2002, S. 61-70.

Kobilarov, K.: Sex als Service bezahlt vom Staat. Datum der Veröffentlichung unbekannt, online veröffentlicht unter http://www.uni-kiel.de/folium/folium30/sex.htm, abgerufen am 18.02.2003, 17:38 Uhr.

Klee, E.: Schöne Lage im Abseits statt Perspektiven zum Leben. In: Finke, K. (Hrsg.): Behinderte Liebe. Wie l(i)ebe ich als behinderte Frau/behinderter Mann in dieser Gesellschaft?. Herausgegeben vom Behindertenbeauftragten des Landes Niedersachsen, Schriftenreihe Band 17, 1996, bidok – Volltextbibliothek: Wiederveröffentlichung im Internet,

http://bidok.uibk.ac.at/bib/sexualitaet/finke-liebe.html, abgerufen am 07.02.2003, 13:53 Uhr.

Klee, E.: Behindert. Ein kritisches Handbuch. S. Fischer Verlag GmbH, Frankfurt am Main 1980.

Köck, P.; Ott, H.: Wörterbuch für Erziehung und Unterricht. 6., mehrfach aktualisierte und überarbeitete Auflage, Auer Verlag, Donauwörth 1976.

Krott, K.: HIV-Prävention und Sexualpädagogik in der Arbeit mit geistig behinderten Menschen. In: Wießner, P. (Hrsg.): Leben mit Behinderung – Leben mit HIV und AIDS. Eine Annäherung. AIDS-FORUM DAH; Bd. 35, Dt. AIDS-Hilfe, Berlin 1999.

Lampart, E.: Hand in Hand. In: Lebenshilfe für Menschen mit geistiger Behinderung e.V. Stadt u. Landkr. München: L.I.E.S. Lebenshilfe in eigener Sache. Themenheft: Liebe, Lust und Frust. 26. Jahrgang, Nr. 1/2003; S. 19-21.

Laturell, Ch.: Liebe im Heim – Liebe mit Hindernissen!? Bewohnerinnen und Bewohner berichten. Friedrich Verlag; Klett (Hrsg.) u. Friedrich, E.; Speck, O. (Mitherausgeber): Zusammen: Behinderte und nicht behinderte Menschen. Die Last mit der Lust. Friedrich Verlag, 20. Jhg., 4/2000, S. 11-13.

Lemp, R.; Ritter, A.; Walter, J.: Fragen aus dem sexualpädagogischen Alltag geistigbehinderter Erwachsener. In: Walter, J. (Hrsg.): Sexualität und geistige Behinderung. 2. erw. Aufl., Edition Schindele, Heidelberg 1986, S. 248-256.

Lennik-Habrik, M.: Sinnlichkeit entdecken. In: Friedrich Verlag; Klett (Hrsg.) u. Friedrich, E.; Speck, O. (Mitherausgeber): Zusammen: Behinderte und nicht behinderte Menschen. Die Last mit der Lust. Friedrich Verlag, 20. Jhg., 4/2000, S. 14-15.

Loccumer Protokolle 12/1978: Wie glücklich dürfen behinderte sein?. Protokoll über die Tagung zur Problematik von Sexualität, Ehe und Kinderwunsch von Behinderten. 16.–18. Juni 1978.

Maslow, A. H.: Motivation und Persönlichkeit. 2., erweiterte Aufl., Walter-Verlag AG, Olten 1978.

Mösler, Dr. Th.: Sexualität. Anmerkungen aus wissenschaftlicher und therapeutischer Sicht In: Bannasch, M. (Hrsg.): Behinderte Sexualität – verhinderte Lust?. AG SPAK, Neu-Ulm 2002, S. 37-51.

Morgenstern, M.: Psychosoziale Entwicklung und Sexualerziehung. In: Cruz, F. de la; LaVec G. (Hrsg.): Geistig Retardierte und ihre Sexualität. Soziokulturelle und medizinische Aspekte, Ernst Reinhard Verlag, München 1975, S. 12-28.

Morgenstern, M.: Einstellung der Gesellschaft zur Sexualität der Behinderten (Retarded). In: Cruz, F. de la; LaVec G. (Hrsg.): Geistig Retardierte und ihre Sexualität. Soziokulturelle und medizinische Aspekte. Ernst Reinhard Verlag, München 1975, S. 100-104.

Müller, Kurt: Sexualbegleitung bei Menschen mit geistiger Behinderung. In: SozialAktuell, Schweizerischer Berufsverband Soziale Arbeit SBS/ASPAS, Bern, Nr. 21 Dezember 2002.

Mummert, H: Sexueller Missbrauch – was tun? Datum der Veröffentlichung unbekannt, online veröffentlicht unter

http://www.uni-leipzig.de/~gbpaed/texte/baende/band9.htm, abgerufen am 14.02.2003, 14:33 Uhr.

Naujokat, G.: Einfühlsame Sexualbegleitung – so sensibel wie möglich, so zeitig wie nötig. Datum der Veröffentlichung 01.06.2001 (vermutet), online veröffentlicht unter http://www.ethos-magazin.ch/whats_new/news.cgi?v=news&c=Ratgeber_Familie&id=052810162134, abgerufen am 18.02.2003, 17:35 Uhr.

Neu, F.: Die Geschäftsunfähigkeit nach § 104 Nr. 2 BGB. Datum der Veröffentlichung unbekannt, online veröffentlicht unter

http://www.infodienst-schuldnerberatung.de/praxisthema/geschaeftsunfaehigkeit/ geschaeftsunfaehigkeit.html, abgerufen am 12.03.2003, 19:17 Uhr.

Nirje, B.: Das Normalisierungsprinzip – 25 Jahre danach. In: Vierteljahresschrift für die Heilpädagogik und ihrer Nachbargebiete 63 (1994) 1, S. 12-32.

Offenhausen, H.: Behinderung und Sexualität, 3. Aufl., Reha-Verlag GmbH, Bonn 1995.

Paeslack, Dr. V.; Lendenmeyer, J: ...aber nicht aus Stein. Medizinische und psychologische Aspekte von körperlicher Behinderung und Sexualität. Beltz, Weinheim und Basel 1981.

Podiumsdiskussion (Mitschrift): Das Grundrecht auf Sexualität – Podiumsdiskussion. In Bannasch, M. (Hrsg.): Behinderte Sexualität – verhinderte Lust?. AG SPAK, Neu-Ulm 2002, S. 19-38.

Pro familia: Sexualität und geistige Behinderung. Broschüre, 2. Aufl., (Frankfurt am Main) 1998.

Prostitutionsgesetz (ProstG): Bundesgesetzblatt Jahrgang 2001 Teil I Nr. 74, ausgegeben zu Bonn am 27. Dezember 2001, online veröffentlicht unter

http://www.bmfsfj.de/Anlage15320/Gesetz_zur_Regelung_der_Rechtsverhaeltnisse_der_Prostituierten.pdf, abgerufen am 23.03.2003, 11:52 Uhr.

Rödler, P.: Menschen, lebenslang auf Hilfe anderer angewiesen. Grundlagen einer allgemeinen basalen Pädagogik. AFRA-Verlag, Frankfurt am Main 1993.

Sandfort, L.: Ausbildung: Sexualbegleitung. In: Bannasch, M. (Hrsg.): Behinderte Sexualität – verhinderte Lust?. AG SPAK, Neu-Ulm 2002a, S. 97-99.

Sandfort, L.: Hautnah. Neue Wege der Sexualität behinderter Menschen. 1. Aufl., AG SPAK, Neu-Ulm 2002b.

Schmetz, D.: Sexualerziehung. In: Antor, G.; Bleidick, U.: Handlexikon der Behindertenpädagogik. Schlüsselbegriffe aus Theorie und Praxis. Kohlhammer, Stuttgart, Berlin, Köln 2001, S. 386-389.

Schmidt, U.: Sexualität ohne Scham. Ethische Fragen zum Menschenrecht auf Sexualität. In: Bannasch, M. (Hrsg.): Behinderte Sexualität – verhinderte Lust?. AG SPAK, Neu-Ulm 2002.

Schröder, S.: Behinderte Sexualität. In: Sexualmedizin. Verlag Medical Tribune GmbH, Wiesbaden 12/1981.

Schuren, W.: Kuratorium für Behinderung und Sexualität. Datum der Veröffentlichung unbekannt, online veröffentlicht unter

http://people.freenet.de/schuren/kuratorium.htm, abgerufen am 18.02.2003a, 17:44 Uhr.

Schuren, W.: Selbstbestimmt leben unter den Bedingungen unseres (gesetzlichen) Gesundheitswesens? Datum der Veröffentlichung unbekannt, online veröffentlicht unter http://people.freenet.de/schuren/selbstbestimmt.htm, abgerufen am 18.02.2003b, 17:46 Uhr.

Schuren W.: Rechtliche Rahmenbedingungen für Sexualassistenz schaffen. Stand 05.04.2003c, online veröffentlicht unter http://www.people.freenet.de/soziallotse/Sexrahmen.htm, abgerufen am 14.04.2003, 15:17 Uhr.

Schuren, W.: Sexualität und Behinderung – es geht auch in Deutschland voran. Stand 04.04.2003d, online veröffentlicht unter http://www.people.freenet.de/soziallotse/Estutsichwas.htm, abgerufen am 14.04.2003, 15:18 Uhr

Schuren, W.: Telefoninterview mit Werner Schuren am 4.4.2003e. Online veröffentlicht unter http://www.people.freenet.de/soziallotse/Sexinterview.htm, abgerufen am 05.04.2003, 13:15 Uhr.

Schuren W.: Argumentationsmuster wegen Antrag auf Sexualbegleitung. In: Berliner Behindertenzeitung, 03/2002a, online veröffentlicht unter http://berliner-behindertenzeitung.de/bbz/02-03/020311.htm, abgerufen am 18.02.2003, 17:38 Uhr.

Schuren W: Grundrecht auf Sexualität für alle. Kuratorium Behinderung und Sexualität unterrichtet Öffentlichkeit über die Belange behinderter Menschen. In: Berliner Behindertenzeitung, 03/2002b, online veröffentlicht unter http://berliner-behindertenzeitung.de/bbz/02-03/020309.htm, abgerufen am 18.02.2003, 17:40 Uhr.

Schuren W.: Rechtliche Rahmenbedingungen für „Sexualassistenz" schaffen. In: Berliner Behindertenzeitung 03/2002c, online veröffentlicht unter http://berliner-behindertenzeitung.de/bbz/02-03/020310.htm, abgerufen am 18.02.2003, 17:23 Uhr.

Senckel, B.: Mit geistig Behinderten leben und arbeiten. Eine entwicklungspsychologische Einführung, 3. Aufl., C.H. BECK, München 1998.

Senger, S.: Körper-Kontakt-Service Sensis in seiner Konzeption von 1998 bis 2001. In: Bannasch, M. (Hrsg.): Behinderte Sexualität – verhinderte Lust?. 1. Aufl., AG SPAK, Neu-Ulm 2002.

Senger, S.: Sensis – Eine Einrichtung für Sexualität und Behinderung. In: BzgA (Bundeszentrale für gesundheitliche Aufklärung): FORUM. Sexualaufklärung und Familienplanung. Informationsdienst der BzgA, 2/3, 2001, 44-47.

Spastikerhilfe Berlin e.V. und Arbeitskreis „Sexualität, Partnerschaft und Behinderung" beim Landesamt für Gesundheit und Soziales Berlin (Hrsg.): Dokumentation. Fachtagung zu Sexualität und Behinderung. TABU und ZuMUTung. 23. und 24. November 2000 im Bildungszentrum Erkner bei Berlin. 2000 Exemplare, August 2001.

Sporken, P.; Jakobi, V.; Arend, A. van der: Die Sexualität im Leben geistig Behinderter. Patmos-Verlag, Düsseldorf 1980.

Sporken, P. (Hrsg.): Geistig Behinderte, Erotik und Sexualität. patmos-paper-backs, Düsseldorf 1974.

Sporken, P.: Sexualethik und geistig Behinderte. In: Sporken, P.: Geistig Behinderte, Erotik und Sexualität. patmos-paper-backs, Düsseldorf 1974, S. 157-188.

Stöckmann, F.: Bereich des Sexuellen. In: Pädagogik der Geistigbehinderten. Handbuch der Sonderpädagogik Bd. 5. Marhold 1979, S. 268- 275.

Stöckmann, F.: Sexualität und geistige Behinderung aus ärztlicher Sicht. In: Walter, J. (Hrsg.): Sexualität und geistige Behinderung. 2. erw. Aufl., Edition Schindele, Heidelberg 1986, S. 43-50.

Strafgesetzbuch (StGB): Gesetzesstand 30.08.2002, online veröffentlicht unter http://www.bib.uni-mannheim.de/bib/jura/gesetze/stgb-inh.shtml, abgerufen am 23.03.2003, 11:57 Uhr.

Theater Augenblick: Infomaterial und Flyer über die Aufführung AMOR-A und das Theaterprojekt. Im Eigenvertrieb, Würzburg 2002a.

Theater Augenblick: Traumpartner – Traumpartnerin. Textauszug aus dem Theaterstück AMOR-A. Unveröffentlicht, mit freundlicher Genehmigung der Theatergruppe, Würzburg 2002b.

Thimm, W.: Normalisierung in der Bundesrepublik. Versuch einer Bestandsaufnahme. In: Geistige Behinderung 4/1992, S. 283-291.

Tluk, H. H.: Hospitalisierte Begrenzung von Sexualität. Das andere Konzept. In: Bannasch, M. (Hrsg.): Behinderte Sexualität – verhinderte Lust?. AG SPAK, Neu-Ulm 2002, S. 110-115.

Tucholsky, Kurt: Gesammelte Werke, Rowoltverlag GmbH, Reinbeck 1960.

Turber, Dr. R.: „Sexualität – im besten Falle wunderschön". In: Lebenshilfe für Menschen mit geistiger Behinderung e.V. Stadt u. Landkr. München: L.I.E.S. Lebenshilfe in eigener Sache. Themenheft: Liebe, Lust und Frust. 26. Jahrgang, Nr. 1/2003, S. 26-30.

Vernaldi, M: Sexybilitis. In Berliner Behindertenzeitung, 03/2002a, online veröffentlicht unter

http://berliner-behindertenzeitung.de/bbz/02-03/020314.htm, abgerufen am 18.02.2003, 17:50 Uhr.

Vernaldi, M.: Sexualhilfe, e-mail vom 25.11.2002b, mit freundlicher Genehmigung des Autors.

Vernaldi, M.: Der makellose Mensch? Oder: Der makellose Körper. Sexybilities – Behinderung und Sexualität. In: Bannasch, M. (Hrsg.): Behinderte Sexualität – verhinderte Lust?. AG SPAK, Neu-Ulm 2002c.

Vernaldi, M.: Sexybilities. In: BzgA (Bundeszentrale für gesundheitliche Aufklärung): FORUM. Sexualaufklärung und Familienplanung. Informationsdienst der BzgA, 2/3, 2001, S. 48-51.

Vries, N. de: Unterstützte Sexualität. Vortrag auf der Tagung Behinderung zwischen Autonomie und Angewiesensein sein – psychoanalytische Zugangsweisen. Berlin 2003

Vries, N. de: Schreiben des Bezirksamtes Tempelhof-Schöneber von Berlin zur Genehmigung der Kostenübernahme von Sexualtherapie. Unveröffentlicht, mit freundlicher Genehmigung durch de Vries, August 2002a.

Vries, N. de: Etwas über mich. Unveröffentlicht, mit freundlicher Genehmigung der Verfasserin, Mai 2002b.

Vries, N. de: Etwas über meine Vision. Unveröffentlicht, mit freundlicher Genehmigung der Verfasserin, Mai 2002c.

Vries, N. de: Interview mit Ruth Terrinde. Unveröffentlicht, mit freundlicher Genehmigung der Verfasserin, April 2002d.

Vries, N. de: Skript zu einem bisher unveröffentlichten Artikel über ihre Arbeit als Sexualbegleiterin. Mit freundlicher Genehmigung der Verfasserin, 2002e.

Vries, N. de: Interview mit Frau R.. Unveröffentlicht, mit freundlicher Genehmigung der Verfasserin, Dezember 2002f.

Vries, N. de: Jetzt hole ich mir Hilfe... . Workshop 1. In: Spastikerhilfe Berlin e.V. und Arbeitskreis „Sexualität, Partnerschaft und Behinderung" beim Landesamt für Gesundheit und Soziales Berlin (Hrsg.): Dokumentation. Fachtagung zu Sexualität und Behinderung. TABU und ZuMUTung. 23. und 24. November 2000 im Bildungszentrum Erkner bei Berlin. 2000 Exemplare, August 2001, S. 20.

Wacker, E.: Liebe im Heim? Möglichkeiten und Grenzen von Partnerbeziehungen in einer organisierten Umwelt. In: Geistige Behinderung 3/1999, S. 238-250.

Walter, J.: Selbstbestimmte Sexualität als Menschenrecht eine Selbstverständlichkeit auch für Menschen mit Beeinträchtigungen!. Vortrag, in: Spastikerhilfe Berlin e.V. und Arbeitskreis „Sexualität, Partnerschaft und Behinderung" beim Landesamt für Gesundheit und Soziales Berlin (Hrsg.): Dokumentation. Fachtagung zu Sexualität und Behinderung. TABU und ZuMUTung. 23. und 24. November 2000 im Bildungszentrum Erkner bei Berlin, 2000 Exemplare, August 2001a, S. 8-14.

Walter, J.: Selbstbestimmte Sexualität als Menschenrecht – eine Selbstverständlichkeit auch für Menschen mit Beeinträchtigungen! (Überarbeitete Version des o.g. Vortrages). In: BzgA (Bundeszentrale für gesundheitliche Aufklärung): FORUM. Sexualaufklärung und Familienplanung. Informationsdienst der BzgA, 2/3, 2001b, S. 34-39.

Walter, J.(Hrsg.): Sexualität und geistige Behinderung. 2. erw. Aufl., Edition Schindele, Heidelberg 1986.

Walter, J.: Grundrecht auf Sexualität? Einführende Überlegungen zum Thema „Sexualität und geistige Behinderung". In: Walter, J.(Hrsg.): Sexualität und geistige Behinderung, 2. erw. Aufl., Edition Schindele, Heidelberg 1986, S. 19-31.

Walter, J.: Zur Sexualität geistig Behinderter. In: Zur Orientierung. Zeitschrift für Mitarbeiter der Behindertenhilfe. Verband ev. Einrichtungen für geistig und seelisch Behinderte e. V., 3/1980.

Wasmund, S.: Sozialgesetzbuch (SGB) Neuntes Buch (IX) Rehabilitation und Teilhabe behinderter Menschen, Stand: Zuletzt geändert durch Art. 30 G v. 23. 7.2002 I 2850, online veröffentlicht unter http://www.sozialgesetzbuch-bundessozialhilfegesetz.de/_buch/ sozialgesetzbucht1024x768.htm, abgerufen am 07.04.2003, 15:35 Uhr.

Wellach, K.: Grenz-Berührungen. Probleme der unterstützten Sexualität von Körperbehinderten. In: Datler, W.; Gerber, G.; Kappus, H.; Steinhardt, K.; Strachota, A.; Studener, R. (Hrsg.): Zur Analyse heilpädagogischer Beziehungsprozesse, Edition SZH/SPC Luzern 1998.

Werkstättenverordnung: vom 01.07.2001; SGB IX, Artikel 55. Online veröffentlicht unter

http://www.wak-arnstadt.de/wvo.html, abgerufen am 07.04.2003, 16:40 Uhr.

wheel-it.de: Sexuelle Assistenz. 2002, online veröffentlicht unter

http://www.wheel-it.de/portal/article.php?sid=219, abgerufen am 18.02. 2003, 17:41 Uhr.

Wießner, P. (Hrsg.): Leben mit Behinderung – Leben mit HIV und AIDS. Eine Annäherung. AIDS-FORUM DAH; Bd. 35, Dt. AIDS-Hilfe, Berlin 1999.

Wilhelm, M.: Behindertenintegration und Sexualerziehung. Eine Studie zur schulischen Sexualpädagogik. WUV – Universitätsverlag, Wien 1996.

Will-Bruhn, Ch.: Wenn die Lust zur Last wird. In: Eppendorfer. Zeitung für Psychiatrie, 17. Jhg., 9/2002, S. 3, PDF-Datei online veröffentlicht unter

http://www.netzserver1.de/eppendorfer/Archiv/eppi9.pdf, abgerufen am 18.02.2003, 17:47 Uhr.

Wunder, M.: Wider die Therapiesucht! Entnommen aus: Sie nennen es Fürsorge: Behinderte zwischen Vernichtung und Widerstand. Mit Beiträgen vom Gesundheitstag Hamburg 1981 /hrsg. von Michael Wunder u. Udo Sierck. – 2. Auflage, Frankfurt am Main 1982, bidok – Volltextbibliothek: Wiederveröffentlichung im Internet

http://bidok.uibk.ac.at/bib/therapie/mabuse_wunder-sucht.html,Stand: 10.07.2002, abgerufen am 09.03.2003, 12:58 Uhr.

Zander, M.: Sexualität. In: Schirmer, B.: Autismus in Berlin: Ein Ahndbuch und Ratgeber. 1. Auflage, WEIDLER Buchverlag, Berlin 2002, S. 180-190.

www.ingramcontent.com/pod-product-compliance
Lightning Source LLC
Chambersburg PA
CBHW020127010526
44115CB00008B/1003